Pilatos e Jesus

Giorgio Agamben

Pilatos e Jesus

Tradução
Silvana de Gaspari e Patricia Peterle

Copyright desta edição © Boitempo Editorial, 2014
Copyright © nottetempo srl, 2013
Título original: *Pilato e Gesú*

Direção editorial	Ivana Jinkings
Edição	Isabella Marcatti
Coordenação de produção	Juliana Brandt
Assistência editorial	Thaisa Burani e Camila Nakazone
Assistência de produção	Livia Viganó
Tradução do italiano	Silvana de Gaspari e Patricia Peterle
Revisão da tradução	Selvino Assmann
Tradução dos termos em latim e em grego	Mauri Furlan
Preparação	Maria Alice S. de A. Ribeiro
Diagramação	Antonio Kehl
Capa	Ronaldo Alves sobre detalhes de *Ecce Homo* (c. 1605), de Caravaggio (1571-1610) (frente), e sobre *Ecce Homo* (1871), de Antonio Ciseri (1821-1891) (verso)

Equipe de apoio Ana Yumi Kajiki, Artur Renzo, Bibiana Leme, Elaine Ramos, Fernanda Fantinel, Francisco dos Santos, Kim Doria, Marlene Baptista, Maurício do Santos, Nanda Coelho e Renato Soares

CIP-BRASIL. CATALOGAÇÃO-NA-FONTE
SINDICATO NACIONAL DOS EDITORES DE LIVROS, RJ

A21p
Agamben, Giorgio, 1942-
    Pilatos e Jesus / Giorgio Agamben ; tradução Silvana de Gaspari , Patricia Peterle. - 1. ed., 1 reimpr. - São Paulo : Boitempo.

    Tradução de: Pilato e Gesú
    Inclui bibliografia
    ISBN 978-85-7559-414-8

    1. Filosofia e Religião. 2. Vida cristã. 3. Teologia. I. Título.

14-17224
CDD: 253.7
CDU: 2-766

É vedada a reprodução de qualquer parte deste livro sem a expressa autorização da editora.

1ª edição: novembro de 2014; 2ª reimpressão: agosto de 2025

BOITEMPO
Jinkings Editores Associados Ltda.
Rua Pereira Leite, 373
05442-000 São Paulo SP
Tel.: (11) 3875-7250 / 3875-7285
editor@boitempoeditorial.com.br | boitempoeditorial.com.br
blogdaboitempo.com.br | youtube.com/tvboitempo

Sumário

Apresentação – Sobre a impossibilidade de julgar 7
   Vinícius Nicastro Honesko

Pilatos e Jesus 19

Glosas 65

Bibliografia 77

Apresentação
Sobre a impossibilidade de julgar

Por ocasião do lançamento da edição original de *Pilatos e Jesus* (*Pilato e Gesù*), pela editora Nottetempo, Giorgio Agamben publica, no jornal *La Stampa*, de Turim, em 25 de setembro de 2013, "Eu e Pôncio Pilatos" ("Io e Ponzio Pilato"), em que expõe as razões da redação dessa breve obra. Diz o autor que o ensaio – que agora vem à luz ao público brasileiro nesta edição da Boitempo – surgiu como uma "imposição"; aliás, salienta que, pensando em Pilatos, acabou por interromper por três meses outros trabalhos em curso (trata-se de *L'uso dei corpi*, último volume da série *Homo sacer*, que acabou por ser publicado em setembro de 2014 pela editora Neri Pozza, e de *Il fuoco e il racconto*, livro de ensaios também publicado em setembro de 2014, pela Nottetempo), sentindo-se quase obrigado a refletir sobre o prefeito da Judeia entre os anos 26 e 36. Todavia, qual é a razão de o filósofo sentir tal obrigação? Por que essa motivação imperiosa por investigar esse *funcionário* da administração romana?

Agamben dá, de pronto, um motivo preliminar: Pilatos é, talvez mais do que Tibério, a única figura a dar testemunho histórico dos eventos messiânicos ligados a Jesus; ademais, o cuidado com o qual os evangelistas tratam de definir as hesitações, as tergiversações e mudanças de opinião do prefeito da Judeia aponta, segundo Agamben, para "algo parecido com a intenção de construir um personagem, com psicologia e idiomatismos próprios"[1]. Essa construção, entretanto, seria uma tentativa meticulosa de atestar o caráter histórico de tal personagem – uma vez que as várias outras figuras que aparecem nas narrativas evangélicas seriam, em certa medida, ou *personagens* já sacralizados (como João Batista e os apóstolos), ou *personagens* anônimos que emergem da massa de seguidores de Jesus para, nos relatos, exercer a função de exemplos (como Lázaro, Maria Madalena, o bom samaritano etc.).

Esse motivo preliminar, no entanto – e por mais interessante que seja –, não foi o que por alguns meses arrebatou Agamben de seu trabalho em seu *opus magnum*, a série *Homo sacer*. O que o fez parar, e se colocou como motivo imperioso de investigação de Pilatos, foi a imagem do cruzamento (que acontece justamente naquelas seis horas que marcam o encontro de Jesus e Pilatos) entre eternidade e história, o ponto de atravessamento do temporal pelo eterno. Imagem

---

[1] Nesta edição, p. 23.

enigmática, diz Agamben, e que carrega consigo a pergunta que opera em todo o ensaio: por que o cruzamento entre dois mundos, o humano e o divino, o histórico e o que não tem história, tem a forma de um processo, de uma *krisis*, isto é, de um juízo processual?

Agamben lembra que o termo *krisis* provém do verbo grego *krino* – que em sua etimologia estaria na origem de "separar", "decidir", e que, além do uso jurídico, também teria um uso médico e outro teológico[2]. Entretanto, diz que *krisis* não aparece nos Evangelhos e que neles é compreendido pelo termo técnico para a função de juiz, *bema*, "a cátedra ou o pódio no qual se senta aquele que deve pronunciar a sentença (a *sella curulis* do magistrado romano)"[3]. Toda a movimentação do processo de Jesus, relatada no ensaio em pormenores a partir da leitura do Evangelho de João, parece, segundo Agamben, ser então o encontro de dois *bemata*, de dois juízes: o *juiz* do reino mundano e o *juiz* do reino divino, ambos que, em tese, estariam prontos ao julgamento. Entretanto, a inquietação de Agamben está no fato de que, durante todo o processo, Pilatos, em momento algum, diante de Jesus, sente-se na posição de *juiz*, isto é, capaz de emitir um *juízo*[4].

---

[2] Nesta edição, p. 33.
[3] Idem.
[4] Agamben ressalta também, no parágrafo 14 deste ensaio, que, em relação a Jesus, o julgamento era impossível. Cf. p. 55-6 desta edição.

10

Quando Jesus é levado a Pilatos para *julgamento*, o prefeito logo pergunta aos sumos sacerdotes: "Qual é a acusação (*kategorian*) que trazem contra este homem?". A resposta dos hebreus, todavia, é evasiva: "Se este não fosse um malfeitor, não o teríamos entregue (*paredokamen*)". Ora, sem uma acusação, no direito romano, nenhum processo poderia ter início e, portanto, nenhum julgamento, nenhuma *krisis*, poderia ser levado a termo. E em face da possibilidade de Pilatos desistir do processo pela falta de acusação, os judeus levantam a hipótese de acusação maior: um crime de lesa majestade por conta das atribuições de realeza divina dadas a Jesus. Diante disso, de modo inesperado, Pilatos acaba por não se eximir do interrogatório de Jesus (e, por isso, Agamben sugere que o processo que se inicia é um *simulacro de processo*).

Tal simulacro de processo[5] tem início e, todavia, como verifica Agamben, não culmina no pronunciamento de um *juízo* por

---

[5] Nas Glosas (parte final deste ensaio), p. 67 desta edição, Agamben diz que um processo sem julgamento é uma contradição e, além disso, chega a afirmar que não se trata propriamente de um processo, pois, se é possível dar ao processo um escopo, esse seria o *juízo*. De algum modo, há no processo algo da ordem do *mistério*, tal como na própria vida dos homens. E sobre o termo *mistério* Agamben traça alguns pontos nessas glosas, mas, em 2011, durante o Festival de Músicas Sagradas do Mundo, nos Encontros de Fez, no Marrocos, em uma conferência intitulada "O que é um mistério?", expõe de modo mais claro essa concepção. O texto da conferência, originalmente em francês, foi publicado no livro *Le Voyage initiatique* (Paris, Albin Michel, 2011), organizado por Nadia Benjelloun, e, no Brasil, há uma tradução feita por mim e publicada em *Sopro*, Florianópolis, Cultura e Barbárie, n. 63, dez. 2011. Disponível em: <www.culturaebarbarie.org./sopro/outros/misterio.html>; acesso em: 12 nov. 2014.

parte de Pilatos, que se limita a *entregar* o acusado. No texto para o *La Stampa*, o autor diz:

> Durante toda a duração do processo, no mais, Pilatos apenas tergiversava, tentando, primeiro, declarar-se incompetente e remeter o juízo a Herodes, propondo, depois, uma anistia por conta da Páscoa e, por fim, mandando flagelar o acusado para subtraí-lo à acusação maior. Mas quando todo expediente e qualquer tergiversação resultam vãos, ele não pronuncia o juízo, limita-se a "entregar" Jesus.[6]

A questão da *entrega* (analisada nos parágrafos 8 e 9 deste ensaio), portanto, seria um dos pontos determinantes em todo o relato evangélico (perpassando, segundo Agamben, a *entrega* divina do Filho amado, a *entrega* – a *traição* – de Judas, a *entrega* de Jesus a Pilatos pelos judeus e a *entrega* de Jesus por Pilatos ao fim do interrogatório). É preciso lembrar, antes de tudo, que o termo *entrega* (que em grego se diz *paradosis* e, no latim, é traduzido por *traditio*) carrega em si a noção de *tradição* e acaba por tomar um papel fundamental no que os teólogos denominam "economia da salvação". A *entrega*, que no caso do processo de Jesus parece suprimir a falta de *juízo*, aponta para uma aporia nesse encontro entre reino divino

---

[6] Giorgio Agamben, "Io e Ponzio Pilato", *La Stampa*, Turim, 25 set. 2013. Disponível em: <www.vita.it/societa/media-cultura/io-e-ponzio-pilato.html>; acesso em: 7 nov. 2014.

e reino mundano, aporia esta que, ainda no texto para o *La Stampa*, o próprio Agamben enuncia:

> O que é, com efeito, um processo sem juízo? E o que é uma pena – nesse caso, a crucifixão – que não segue a um juízo? Pilatos, o obscuro procurador da Judeia, que devia agir como juiz em um processo, refuta-se a julgar o acusado; Jesus, cujo reino não é deste mundo, aceita submeter-se ao juízo de um juiz, Pilatos, que se refuta a julgá-lo.[7]

No processo de Jesus – um dos momentos-chave da história da humanidade –, portanto, nenhum julgamento pôde ter lugar. Entretanto, tal suspensão da *krisis* deixa em aberto algumas questões à compreensão do problema, para Agamben fundamental, da salvação (ou de sua impossibilidade) e da justiça (nesse caso, da justiça advinda do confronto entre os dois reinos).

É num contexto diverso e na análise de outro processo que podemos talvez expor como essa problemática se desenvolve em Agamben. Trata-se de um ensaio, presente em *Nudità**, a respeito de Kafka, sobretudo de *O processo*[8]. Aí, Agamben argumenta em prol do fato de que a letra K, que compõe o

---

[7] Idem.

* Roma, Nottetempo, 2009. (N. E.)

[8] Retomo aqui algumas das análises desenvolvidas no ensaio "Língua nova, língua minguante", redigido em conjunto com Carlos E. S. Capela, como posfácio de Giorgio Agamben, *Categorias italianas: ensaios sobre poética e literatura* (trad. Vinícius Nicastro Honesko e Carlos Eduardo Schmidt Capela, Florianópolis, Edufsc, 2014).

nome do protagonista de *O processo,* Josef K., diz menos respeito a Kafka, como supôs Max Brod, do que alude, ao modo de uma cifra, à noção jurídica de *kalumniator*. No âmbito do direito romano, esse conceito era empregado para identificar qualquer indivíduo que, por ter feito uma falsa acusação, recebia como punição ter o rosto marcado, em brasa, com o símbolo K. Josef K., portanto, segundo tal perspectiva, constituiria uma encarnação de um típico *kalumniator*, que, justo por ter dado início a um processo calunioso contra alguém inocente, teria a insígnia K marcada em si. Entretanto, no caso específico de Josef K., o processo a que ele dá início por meio de sua denúncia não é contra outra pessoa, mas contra si mesmo – e essa seria a insígnia paradoxal dos escritos kafkianos.

A calúnia, observa Agamben, só acontece no caso de o acusador ter conhecimento da inocência daquele a quem acusa. Ora, tal é a situação de Josef K., que, ao acusar a si próprio de uma culpa que sabe inexistente, passa a ser culpado do crime de calúnia: ele é culpado pelo fato de, sabendo-se inocente, ter-se aceito como acusado e, assim, ter-se autocaluniado. Agamben, na sequência, estende esse paradoxo – kafkiano por excelência – para além da condição de Josef K.

Considerando em termos gerais a situação do personagem tal como imaginada por Kafka, a autocalúnia, para o filósofo, configuraria a condição basilar de todo homem:

14

> Todo homem dá início a um processo calunioso contra si mesmo. Esse é o ponto a partir do qual Kafka se move. Por isso, seu universo não pode ser trágico, mas apenas cômico: a culpa não existe – ou, antes, a única culpa é a autocalúnia, que consiste em acusar-se de uma culpa inexistente (isto é, da própria inocência, e esse é o gesto cômico por excelência).[9]

O desenvolvimento da análise a partir do prisma fornecido pelo mecanismo da autocalúnia leva Agamben a assumir, como questão fundamental que daí emerge, o modo como o indivíduo se surpreende capturado pelo processo. Na narrativa kafkiana, com efeito, o tribunal não chega a acusar K., mas tão somente acolhe a acusação que ele faz a si mesmo, com o que o personagem tem sua vida atrelada, de maneira inelutável, ao aparelho jurídico. K., afinal, jamais recebe uma citação do tribunal, não é de modo algum chamado em causa num processo, mas, pelo contrário, deixa-se ou se faz capturar por um processo ao qual ninguém mais do que ele mesmo alimenta. Para o filósofo, nesse sentido, torna-se crucial a compreensão do que significa o fato da *acusação*, tanto no âmbito do processo quanto no âmbito etimológico, bem como o entendimento das implicações que dele decorrem.

Em sua exposição, Agamben mostra que a abertura de um processo criminal, no direito romano, tinha início com a realização da *delatio nominis*, isto é, a inscrição do nome do denunciado

---

[9] Giorgio Agamben, "K.", em *Nudità*, cit., p. 35.

na lista dos acusados. O nome, desse modo, era chamado em causa (*ad causare*). Acontecia, portanto, a implicação de algo no direito, a captura de uma "coisa" pela esfera do processo, pelo domínio do jurídico. O autor lembra que a causa e a coisa (*res*) estão, no direito, relacionadas de modo íntimo, pois sempre dizem respeito a uma questão processual. E indica que,

> [...] nas línguas neolatinas, *causa* é substituída de modo progressivo por *res* e, após ter designado, na terminologia algébrica, a incógnita (assim como *res*, em francês, apenas sobrevive na forma *rien*, "nada"), dá lugar ao termo "coisa" (*chose* em francês). Na realidade, essa palavra tão neutra e genérica, a "coisa", nomeia "aquilo que está em causa", aquilo que acontece no direito (e na linguagem).[10]

Torna-se então possível inferir, com base em tal constatação, que a culpa e a pena são menos definitivas para o processo do que a acusação, que assume assim o primeiro plano. "A acusação é", nas palavras de Agamben, "talvez, a 'categoria' jurídica por excelência (*categoria*, em grego, significa precisamente 'acusação'); sem a qual todo o edifício do direito ruiria: a chamada em causa do ser no direito. Isto é, o direito é, em sua essência, acusação, 'categoria'"[11].

Que o processo sem acusação (e sem julgamento), que culmina na crucifixão de Jesus, seja algo determinante na inquieta-

---

[10] Ibidem, p. 37.
[11] Idem.

ção de Agamben não é aqui um acaso. Ao atribuir a Pilatos a condição de *alter ego* de Jesus, com efeito, o filósofo coloca ambos, nos rastros da tradição[12], em relação de cumplicidade. No tribunal que coloca frente a frente os dois reinos, uma mútua acusação poderia ser levantada – e, no mais, todo o debate sobre a verdade e sobre a realeza, que aparece nas cenas descritas por João (e aqui analisadas minuciosamente por Agamben), são as mostras dessa acusação, por vezes irônica, que, ao levarmos em conta a dinâmica do *alter ego*, os *homens* Pilatos e Jesus fazem entre si e a si mesmos.

Pilatos e Jesus, o vicário do reino mundano e o rei celeste, estão frente a frente num mesmo e único lugar, o pretório de Jerusalém,

---

[12] É preciso lembrar que em "O amigo", ensaio dedicado a pensar algo como uma política da amizade a partir de Aristóteles – e Derrida ali também comparece como contraponto –, Agamben lembra que o *amigo* é sempre, mais do que nos lega a *tradição* na figura *alter ego,* um *hetero autos.* Cf. Giorgio Agamben, "O amigo", em *O que é o contemporâneo? e outros ensaios* (trad. Vinícius Nicastro Honesko, Chapecó, Argos, 2009). "O amigo é, por isso, um outro si, um *heteros autos.* Na sua tradução latina – *alter ego* – essa expressão teve uma longa história, que não é aqui o lugar de reconstruir. Mas é importante notar que a formulação grega tem algo a mais do que nela compreende um ouvido moderno. Antes de tudo, o grego – como o latim – tem dois termos para dizer a alteridade: *allos* (lat. *alius*) é a alteridade genérica, *heteros* (lat. *alter*) é a alteridade como oposição entre dois, a heterogeneidade. Além disso, o latim *ego* não traduz exatamente *autos*, que significa 'si mesmo'. O amigo não é um outro eu, mas uma alteridade imanente na 'mesmidade', um tornar-se outro do mesmo. No ponto em que eu percebo a minha existência como doce, a minha sensação é atravessada por um *com-sentir* que a desloca e deporta para o amigo, para o outro mesmo. A amizade é essa dessubjetivação no coração mesmo da sensação mais íntima de si" (p. 89-90). Entretanto, como em *Pilatos e Jesus* a questão da *entrega*, da *tradição*, é um dos pontos basilares para a composição de uma aporia, não podemos deixar de pensar que Agamben esteja então jogando com os termos.

o mesmo que os arqueólogos acreditaram identificar como sítio improvável. Para dar testemunho da verdade, Jesus deve afirmar e, ao mesmo tempo, desmentir o próprio Reino, que está distante ("não é deste mundo") e, ao mesmo tempo, muito próximo e, mais do que isso, ao alcance das mãos (*entos ymin, Lc.* 17,21). Do ponto de vista do direito, seu testemunho só pode falir, resultando numa farsa: o manto de púrpura, a coroa de espinhos, o bastão como cetro, os gritos: "Julga-nos!". Ele – que não veio para julgar o mundo, mas para salvá-lo – encontra-se, talvez justamente por isso, tendo de responder a um processo, submetendo-se a um julgamento que, aliás, seu *alter ego*, Pilatos, não proferirá, nem pode proferir.[13]

Nos termos dessa contenda, isto é, na caducidade deste mundo (onde não está um reino messiânico tal qual esperado pelos hebreus, mas apenas uma *desesperança revelada*) e nesse processo sem julgamento nem pena em que os homens se colocam (num autocaluniar-se constante), é preciso que as criaturas percebam sua condição de *insalváveis,* ou, em outras palavras, a impossibilidade da redenção. E aqui a *categoria* fundamental à construção do edifício jurídico (de toda possibilidade de elaboração do *juízo*, da confecção desse constante dispositivo de captura dos viventes que possuem a linguagem), a acusação, mostra que, enquanto falantes, os homens passam a vida numa constante *entrega* de si mesmos. Agamben salienta (uma vez todos os homens *acusados*) que o nosso tempo se mostra

---

[13] Nesta edição, p. 62-3.

como o da indecisão, o da *entrega* pura e simples que parece escapar ao juízo. Entretanto, é também, e de modo paradoxal, o da *crise*, o de um constante juízo sobre todas as coisas.

Pilatos e Jesus, desse modo, é um *ensaio* – um gesto – em que Agamben tenta mostrar como o lugar da *krisis*, do juízo, hoje abre o mundo dos homens ao funcionamento de um *estado de exceção fictício*, em que a lei (a caducidade da lei) vige sem significar[14]. E enquanto perdurar esse estado (e não advir uma suspensão *efetiva* da lei – tal como Agamben lê nas cartas paulinas[15]) permaneceremos – *acusados* por ninguém mais do que nós mesmos e implicados num processo interminável – decidindo sobre o indecidível que é a vida, na aporia de uma "decisão incessante [que] não decide propriamente nada"[16].

Vinícius Nicastro Honesko

---

[14] Cf. Giorgio Agamben, *Estado de exceção* (trad. Iraci Polleti, São Paulo, Boitempo, 2005).

[15] Cf. Idem, *Il tempo che resta: un commento alla lettera ai Romani* (Turim, Bollati Boringhieri, 2000).

[16] Nesta edição, p. 76.

Pilatos e Jesus

1. O *symbolon,* o "credo" no qual os cristãos resumem sua fé, contém um único nome próprio, ao lado daqueles do "senhor Jesus Cristo" e da "virgem Maria", totalmente estranho – ao menos aparentemente – ao seu contexto teológico. Trata-se, além disso, de um pagão, Pôncio Pilatos: *staurothenta te yper emon epi Pontiou Pilatou,* "crucificado por nós sob Pôncio Pilatos". O "credo", formulado pelos padres no Concílio de Niceia, em 325, não conhecia esse nome. Ele foi acrescentado em 381 pelo Concílio de Constantinopla, segundo todas as evidências, para fixar, também cronologicamente, o caráter histórico da paixão de Jesus. "O credo cristão", como foi observado, "fala de processos históricos. Pôncio Pilatos figura ali por razões essenciais e não é somente um pássaro do mau agouro que por acaso passou por aquele lugar"[1].

---

[1] Carl Schmitt, *Un giurista davanti a se stesso* (org. Giorgio Agamben, Vicenza, Neri Pozza, 2005), p. 253.

Que o cristianismo seja uma religião histórica, que os "mistérios" dos quais fala sejam também – e sobretudo – fatos históricos, é óbvio. Se é verdade que a encarnação de Cristo é "um evento histórico de infinita, inapropriável, inocupável unicidade"², então, o processo de Jesus é um dos momentos-chave da história da humanidade, no qual a eternidade atravessou a história num ponto decisivo. Assim, muito mais urgente é a tarefa de compreender como e por que esse cruzamento entre o temporal e o eterno, e entre o divino e o humano, tenha assumido justamente a forma de uma *krisis,* isto é, de um juízo processual.

2. Por que ele, Pilatos? Uma fórmula do tipo *Tiberiou Kaesaros* – que se lê nas moedas cunhadas por Pilatos e trazia consigo a autoridade de Lucas, que data dessa forma a pregação de João (*Lc.* 3,1) – ou *sub Tiberio* (como Dante faz Virgílio dizer: "Nasci *sub Julio*"*) estaria certamente mais de acordo com o uso. Se os padres, reunidos em Constantinopla, preferiram Pilatos a Tibério, o prefeito – ou, como prefere chamá-lo Tácito (*Ann.* XV,44), em um dos poucos testemunhos extrabíblicos que mencionam seu nome, o "procurador" da Judeia –, a César,

---

² Idem.

* Dante Alighieri, *A divina comédia. Inferno* (trad. Italo Eugenio Mauro, São Paulo, Editora 34, 1998), canto I, verso 70, p. 27. (N. E.)

é possível que, sobre a indubitável intenção cronográfica, tenha prevalecido a relevância que a figura de Pilatos tem na narrativa dos Evangelhos. Com a meticulosa atenção com que sobretudo João, mas também Marcos, Lucas e Mateus descrevem suas hesitações, sua tergiversação e mudança de opinião, repetindo literalmente suas palavras, às vezes claramente enigmáticas, os evangelistas revelam, talvez pela primeira vez, algo parecido com a intenção de construir um personagem, com psicologia e idiomatismos próprios. É a vivacidade desse retrato que faz Lavater exclamar, em carta a Goethe, de 1781: "Eu encontro tudo nele: céu, terra e inferno, virtude, vício, sabedoria, loucura, destino, liberdade; ele é o símbolo de tudo em tudo". Nesse sentido, é possível dizer que Pilatos talvez seja o único verdadeiro "personagem" dos Evangelhos (Nietzsche o definiu no *Anticristo* "a única figura – *Figur* – do Novo Testamento que merece respeito"), um homem de quem conhecemos as paixões ("maravilha-se muito"*, *Mt.* 27,14; *Mc.* 15,5; "tem muito medo", *Jo.* 19,8), o ressentimento e a obscuridade (como quando grita a Jesus, que não lhe responde: "Ah, não falas comigo [*emoi ou laleis*]? Não sabes que posso te libertar ou te crucificar?"), a ironia (pelo menos, segundo alguns, na famigerada réplica a Jesus: "O que é a verdade?"), o escrúpulo hipócrita (de que dão testemunho tanto o questionamento

---

* Neste texto, todas as traduções bíblicas são nossas, feitas a partir da tradução de Giorgio Agamben. (N. T.)

de competência frente a Herodes quanto a lavação ritual das mãos, com a qual crê purificar-se do sangue do justo condenado), a ira (o peremptório "o que escrevi, escrevi" dirigido aos sacerdotes que lhe pedem para mudar a inscrição sobre a cruz). Conhecemos fugazmente também sua esposa que, durante o processo, pede para que Jesus não seja condenado, "porque hoje, em sonho, sofri muito por sua causa" (*Mt. 27, 19*).

3. Dessa vocação para se tornar personagem, lembrar-se-ão Mikhail Bulgakov, nas estupendas histórias sobre Pilatos que o diabo conta em *O mestre e Margarida**, e Alexander Lernet-Holenia, na grandiosa farsa teológica inserida em *O conde de Saint-Germain*. Mas também verificamos, há um bom tempo, nos textos que obstinadamente chamamos de "apócrifos" do Novo Testamento (o termo, que acabou por significar "falsos, não autênticos", significa, na verdade, simplesmente "escondidos"), a presença de um verdadeiro ciclo de Pilatos. Primeiramente no Evangelho de Nicodemos[3], no qual o processo de Jesus é encenado de forma muito mais detalhada do que nos sinóticos. Quando Jesus é introduzido por Pilatos, os estandartes, que os porta-estandartes seguram nas mãos, inclinam-se milagrosamente frente a ele. No

---

* Ed. bras.: São Paulo, Alfaguara, 2010. (N. E.)
[3] L. Moraldi (org.), *Apocrifi del Nuovo Testamento* (Turim, UTET, 1971), p. 567-88.

processo também intervêm doze seguidores que dão testemunho – contra a acusação de que Jesus seja "filho da fornicação" – de que José e Maria contraíram matrimônio, e Nicodemos, que testemunha, também ele, a favor de Jesus. Em geral, todo o processo é aqui reproduzido dramaticamente como uma acareação entre os acusadores hebreus, que são nomeados um a um (Anás, Caifás, Semes e Datan, Gamaliel, Judas, Levi, Alexandre, Neftali e Jairo), e Pilatos, que aparece frequentemente fora de si e se põe quase abertamente do lado de Jesus, mesmo porque sua mulher "é devota a Deus e simpatiza com os hebreus". O diálogo com Jesus a respeito da verdade, que nos sinóticos termina bruscamente com a pergunta de Pilatos, aqui, como veremos, continua e adquire significado totalmente diferente. Ainda mais inesperada é a rendição final de Pilatos diante das insistências dos hebreus, quando, tomado por um repentino temor, ordena que Cristo seja flagelado e crucificado.

4. A lenda sobre Pilatos (os assim chamados *Acta* ou *Gesta Pilati*) é formada por duas linhas divergentes. Em primeiro lugar, uma lenda "branca", atestada pelas cartas pseudoepígrafes dirigidas a Tibério e pela *Paradosis,* segundo a qual Pilatos, com sua mulher, Procla, teria compreendido a divindade de Jesus e somente por fraqueza teria cedido às insistências dos

hebreus. Quem dá testemunho dessa lenda é Tertuliano, ao escrever que Pilatos fora forçado a crucificar Jesus pelas violentas pressões dos hebreus (*violentia suffragiorum in crucem dedi sibi extorserint*), mas "já sendo cristão no seu íntimo (*pro sua conscientia christianus*)" havia informado com uma carta o imperador sobre os milagres e sobre a ressurreição de Jesus (*Apol.* XXI,18-24). A *Paradosis* (algo parecido com a "entrega", mas também com a "tradição") de Pilatos pressupõe a redação dessa carta (da qual existem numerosas versões, todas, obviamente, falsas) e começa justamente com a indignação de Tibério, depois da leitura da mensagem[4]. Ele alega que Pilatos foi conduzido acorrentado até Roma e lhe pergunta como pôde crucificar um homem que sabia ser autor de tão grandes prodígios. Pilatos justifica-se acusando os hebreus e declara-se persuadido de que Jesus "era superior a todas as divindades que nós adoramos". Assim, a lenda branca de Pilatos de certo modo o apresenta, paradoxalmente, como amostra secreta do cristianismo contra os hebreus e os pagãos. Isso é testemunhado pela autodefesa que Pilatos dirige a Jesus, quando Tibério decide puni-lo com a decapitação:

> Senhor, não me confundas com esses miseráveis hebreus na destruição. Visto que, se ergui a mão contra ti, o fiz forçado por aquela multidão de hebreus que me atormentava: mas tu sabes

---

[4] Ibidem, p. 717-23.

que agi por ignorância. Não me condenes, então, por esse pecado, mas perdoa-me e perdoa assim também a tua serva Procla, que está ao meu lado na hora da morte e que destinaste a profetizar tua crucificação. Não a condenes por causa de minha falta, mas tem piedade e nos inclui entre teus justos.

E quando um Pilatos agora cristianizado termina a sua súplica, ouve-se do céu uma voz que anuncia a sua salvação:

> Todos os povos e todas as gerações proclamarão a tua felicidade, porque, sob o teu governo, cumpriram-se as profecias relativas a mim. E tu, minha testemunha, aparecerás em minha segunda vinda, já que julgarei as doze tribos de Israel e aqueles que não confessam meu nome.

Nesse momento Pilatos é decapitado, mas um anjo recolhe sua cabeça decepada. Procla, ao ver o anjo que leva aos céus a cabeça, "cheia de beatitude, deu o último suspiro e foi enterrada com seu marido, por vontade de nosso Senhor Jesus Cristo".

A cristianização de Pilatos alcança seu vértice no Evangelho de Gamaliel, conservado em uma recensão etíope. Aqui se lê que

> Pilatos e sua esposa amavam Jesus como a si mesmos. Ele o condenara ao flagelo para satisfazer os malvados hebreus, para que o coração deles se tornasse mais favorável e o deixassem ir, sem condená-lo à morte.[5]

---

[5] Ibidem, p. 662.

Os hebreus, de fato, o tinham enganado, levando-o a acreditar que, se o tivessem punido daquela maneira, eles o teriam deixado ir. Por isso, depois da crucificação, Jesus aparece em sonho a Pilatos ("seu esplendor superava o do sol, e toda a cidade era iluminada por ele, com exceção da sinagoga dos hebreus") e o consola, dizendo: "Pilatos, tu choras talvez porque flagelaste Jesus? Não temas! Realizou-se, de fato, aquilo que dele tinha sido escrito"[6].

Houve quem observasse que a justificativa de Pilatos, por parte dos cristãos, objetivava conquistar a benevolência dos romanos e cessou, por isso, com o fim das perseguições. Em todo caso, é certo que a absolvição de Pilatos na lenda coincide com a intenção de atribuir a responsabilidade da crucificação exclusivamente aos hebreus. Portanto, não admira que Pilatos acabe por ser santificado pela Igreja etíope e sua mulher festejada (em 26 de outubro) na Igreja grega.

5. A lenda branca de Pilatos contrasta com o que dele nos chega através das fontes extrabíblicas. Fílon de Alexandria, que fala dele na *Legatio ad Gaium* (par. 299-305), a propósito de uma ação que os hebreus viram como sacrilégio (havia colocado, no palácio de Herodes, escudos dourados com a dedicatória

---

[6] Ibidem, p. 673.

a Tibério), o descreve como um homem "inflexível, obstinado e cruel (*akamptos, authades, ameiliktos*)". Pouco depois, em cena na qual Pilatos parece tomado de temores e hesitações similares aos descritos nos Evangelhos, ele é definido como "desprezível e colérico". É um personagem desse gênero que aparece como protagonista da lenda negra de Pilatos, que cruza, curiosamente, com a de Verônica. Segundo essa lenda[7], em que ambos, Jesus e Verônica, figuram por seu poder taumatúrgico, Tibério, doente, fica sabendo que em Jerusalém há um médico de nome Jesus que cura todas as doenças somente com sua palavra (Bulgakov devia conhecer essa versão, porque, em sua narrativa, Pilatos se dirige obstinadamente a Jesus como a um médico). Manda, então, um agente seu, Volusiano, até Pilatos, com a ordem de encontrar Jesus e o levar para Roma. Quando Volusiano chega a Jerusalém, lhe apresenta o pedido do imperador; Pilatos, "aterrorizado porque sabia ter dado a ordem de matar Jesus por inveja", lhe responde dizendo que aquele homem era um malfeitor e, por isso, o tinha mandado crucificar. Volusiano, de volta a sua habitação, se depara com uma mulher de nome Verônica, pergunta-lhe sobre Jesus e lhe explica as razões de sua missão.

A mulher, então, se debulhou em lágrimas, dizendo: "Ah, ele era o meu Deus e o meu Senhor, que Pilatos condenou à morte

---

[7] Ibidem, p. 721-4.

e entregou para que fosse crucificado". Então, cheio de tristeza, ele disse: "Dói-me profundamente, porque não posso levar a termo aquilo para o qual fui enviado pelo meu senhor". E Verônica para ele: "Quando o meu Senhor andava por aí pregando, eu, com muito desprazer, era privada de sua presença; quis, por isso, pintar para mim uma imagem, a fim de que, privada de sua presença, encontrasse alívio ao menos na representação de sua imagem. Enquanto eu estava levando um pano para ser pintado pelo pintor, veio ao meu encontro o meu Senhor e me perguntou onde eu estava indo. Tendo-lhe contado o motivo de minha viagem, ele me pediu o pano e quando me devolveu estava condecorado com seu venerável rosto. Então, se o teu senhor observar devotamente esta imagem, logo recuperará o benefício da saúde". Ele perguntou: "Essa imagem pode ser adquirida com ouro ou prata?" E ela: "Não, mas com piedoso afeto devocional. Acompanho-te, levando a imagem para mostrar a César; depois retornarei".

Volusiano volta, então, a Roma com Verônica e comunica ao imperador Tibério que o médico Jesus foi entregue por Pilatos e pelos hebreus a uma injusta morte por motivo de inveja.

"Mas veio comigo certa matrona trazendo sua imagem: se tu a olhares devotamente, logo recuperarás o benefício da tua saúde." Por isso César mandou preparar o caminho com panos de seda e ordenou que lhe fosse apresentada a imagem: logo que olhou para ela, obteve a primitiva saúde.

Então, Tibério ordena que Pilatos seja preso e conduzido até Roma. Mas, no momento em que comparece frente ao imperador furioso, Pilatos, que a lenda apresenta sempre como um velhaco, está vestido com a "túnica incorruptível" de Jesus, que havia levado consigo (é a *tunica inconsutilis*, "sem costuras", de *Jo*. 19,23, que a lenda não explica como chegou às suas mãos). Imediatamente, a cólera de Tibério desaparece e ele não consegue formular suas acusações. A cena repete-se outras vezes, para espanto geral: o homem que, enquanto estava ausente, lhe parecia um criminoso feroz, uma vez presente aparenta ser piedoso e manso. Finalmente, por inspiração divina ou, talvez, graças ao conselho de algum cristão, Tibério ordena que a túnica seja tirada de Pilatos. Imediatamente o encanto desaparece, e o imperador, retomando o controle de si, manda prender Pilatos, condenando-o a uma morte ignominiosa. Ouvida a sentença, Pilatos se mata, perfurando-se com sua faca. O cadáver é amarrado a uma enorme pedra e jogado no Tibre, mas "espíritos malignos e imundos, saindo de seu corpo maligno e imundo, começaram a se movimentar na água, provocando, na atmosfera, raios e tempestades, trovões e granizos terríveis, fazendo com que todos fossem tomados por um medo atroz".

A lenda de Pilatos confunde-se, nesse ponto, com a da migração de seu cadáver endemoninhado, de sepultura em sepultura. Os romanos tiram o cadáver do Tibre e, em sinal de desprezo, o transportam para Vienne, para jogá-lo no Ródano. "Vienne, de fato, é chamada assim como se fosse caminho para a geena, porque, naquela época, era um lugar maldito." Mas também para cá afluem os espíritos malignos, provocando o mesmo desconcerto. Por isso, o cadáver é transferido para Lausanne, onde, depois do costumeiro sabá, é levado para as montanhas e jogado num poço muito profundo, do qual, conforme diz a lenda, "exalam ainda hoje maquinações diabólicas".

6. Os evangelistas, que certamente não podiam estar presentes no processo, não se preocupam em indicar as fontes de suas narrações e, justamente, essa ausência de escrúpulos filológicos confere à narrativa um incomparável tom épico. As cartas e as lendas, independentemente de seu resultado sombrio ou glorioso, foram, presumivelmente, inventadas para fornecer uma documentação do processo e, ao mesmo tempo, para dar conta do comportamento de Pilatos. Elas explicam tanto as motivações que fazem com que o prefeito da Judeia procure, de todas as formas, evitar a condenação de Jesus (ele sabia, como se deduz da carta a Tibério, que Jesus não somente era inocente mas operava milagres como um deus) quanto sua repentina rendição frente aos hebreus (era, na realidade, invejoso e covarde). Em todo caso, o comportamento de Pilatos durante o julgamento devia parecer enigmático, mas era essencial que, por algum motivo, o julgamento acontecesse perante o prefeito.

O ato de julgar, em grego, se denomina *krisis* (de *krino*, que etimologicamente significa "separar, de-cidir"). Ao lado desse significado jurídico, convergem, no termo, tanto um significado médico (*krisis* como o momento decisivo na evolução de uma doença, quando o médico deve "julgar" se o doente morrerá ou sobreviverá) quanto teológico (o Juízo final: *en emerai kriseos*, "no dia do juízo", é a advertência que retorna mais vezes à boca de Jesus; em Paulo: *en emerai ote crinei*, "no dia em que Deus julgará" – *Rm*. 2,16).

Na narração dos evangelistas, o termo não aparece. O termo técnico para a função do juiz é aqui *bema*, a cátedra ou o pódio no qual se senta aquele que deve pronunciar a sentença (a *sella curulis* do magistrado romano). Quando Pilatos está para proferir a condenação, ele se senta no *bema*: "Pilatos conduziu Jesus para fora e se sentou no pódio, num lugar chamado Lithostrotos" (*Jo*. 19,13); assim, em *Mt*. 27,19: "Enquanto Pilatos sentava no *bema*" (isto é, exercitava a sua função de juiz; a vulgata traduz *sedente pro tribunali*), "sua esposa mandou lhe dizer [...]". Em *Atos* (18,12), o termo significa simplesmente "tribunal": "Os hebreus insurgiram-se contra Paulo e o conduziram ao tribunal (*eis to bema*)". Não diferentemente, em Paulo, *bema*, por sinédoque, designa o Juízo final: "Todos devem comparecer diante do *bema* de Cristo" (2 *Cor*. 5,10). Contudo, o juízo de Deus é explicitamente contraposto ao dos homens, que não devem julgar-se uns aos outros: "Mas, tu, por que julgas (*ti krineis*) teu irmão? [...] Todos deverão apresentar-se diante do *bema* de Deus" (*Rm.* 14,10).

No processo que se passa diante de Pilatos, dois *bemata*, dois julgamentos e dois reinos parecem confrontar-se: o humano e o divino, o temporal e o eterno. Com sua habitual vivacidade, Spengler expressou essa contraposição: "Quando Jesus é levado diante de Pilatos, dois mundos estão imediata e inconciliavelmente frente a frente: o dos fatos e o das verdades, e com tão assustadora clareza como nunca noutro lugar na história do mundo"[8].

E é o mundo dos fatos que deve julgar o da verdade, o reino temporal que deve pronunciar um julgamento sobre o Reino eterno. Ainda mais necessário é avaliar com cuidado cada detalhe da crônica desse enfrentamento decisivo, dessa *krisis* histórica que, de algum modo, está sempre em curso.

7. Com relação aos sinóticos, a narrativa de João é tão mais ampla e detalhada que resulta totalmente independente deles. Os diálogos entre Pilatos e Jesus, que os sinóticos liquidam em poucas linhas, adquirem aqui, em todos os sentidos, uma espessura e um significado decisivos. João divide dramaticamente a narração em sete cenas, correspondendo a

---
[8] Oswald Spengler, *Der Untergang des Abendlandes* (Mônaco, Beck, 1975), p. 968.

cada uma delas uma mudança de lugar, ora fora ora dentro do pretório, toda vez (com exceção da quinta cena) introduzido por fórmulas estereotipadas: "Pilatos sai (*exelthen*)", "entrou de novo (*eiselthen palin*)", "saiu de novo (*exelthen palin*)". Conhecemos, além disso, a duração do drama, cinco horas, desde cedo, pela manhã (*proi- Jo.* 18,28), até a hora sexta (ibidem, 19,14).

I) (FORA) Na primeira cena, já que os sacerdotes que levaram Jesus ao pretório não queriam entrar, para não se contaminarem antes da refeição pascal, Pilatos sai (*exelthen* [...] *exo*) e pergunta: "Qual é a acusação (*kategorian*) que trazeis contra este homem?". A pergunta é coerente com a estrutura do processo romano, que começava com a inscrição da acusação, que devia ser determinada e não caluniosa. Os hebreus não formulam a acusação, mas se limitam a declarar genericamente que "se este não fosse um malfeitor não o teríamos entregado a ti (*paredokamen*)". A consequente injunção de Pilatos aos hebreus, de prender o acusado e de julgá-lo "segundo a vossa lei (*kata ton nomon ymon*)", ainda parece seguir uma lógica processual: enquanto a acusação não tivesse sido formalizada, a lei romana não poderia ser aplicada. A réplica dos hebreus ("A nós não é permitido matar") marca uma reviravolta no comportamento de Pilatos. O comentário de João (os hebreus diziam isso "a fim de que se cumprisse a palavra de Jesus ao indicar de qual morte devia morrer") não podia por certo se referir a Pilatos e, contudo, é como se o prefeito interpretasse a réplica dos hebreus como a formulação de uma acusação de lesa-majestade. Segundo o Digesto, de fato, "é um crime de lesa-majestade (*maiestatis crimen*) aquele que é cometido contra o povo romano ou contra sua segurança" (*Dig.* 48.4.1.1). E a *lex Julia maiestatis* de 46 a. C. estabelecia, para esse delito, segundo a condição do culpado, a crucificação, a entrega às feras ou o exílio. De todo modo, Pilatos decide, inesperadamente, interrogar Jesus.

II) (DENTRO) Nesse momento, acontece o primeiro e acirrado confronto entre Pilatos e Jesus.

> Então, Pilatos entrou novamente (*eiselthen palin*) no pretório, chamou Jesus e lhe perguntou: "És tu o rei dos judeus?". Jesus respondeu: "Dizes isso por ti ou outros te disseram isso de mim?". Respondeu Pilatos: "Talvez seja eu um judeu? A tua nação (*to ethnos to son*) e os sumos sacerdotes te entregaram a mim. O que fizeste?".

O sintagma "rei dos judeus" (*basileus ton Ioudaion*), que terá em seguida uma função tão decisiva, aparece aqui pela primeira vez no processo. A julgar por sua réplica, Jesus não esperava a pergunta: de fato, o que tem a ver o prefeito romano com uma questão interna do judaísmo, como era a expectativa hebraica do messias? Pilatos parece ler seus pensamentos: "Talvez seja eu um judeu?".

Começa aqui o diálogo a respeito do Reino e da verdade, sobre o qual foram escritas inúmeras páginas. Ao invés de responder à pergunta: "O que fizeste?", Jesus replica à precedente:

> O meu reino não é deste mundo (*He basileia he eme ouk estin ek tou kosmou toutou*). Se o meu reino fosse deste mundo, os meus servos teriam combatido por mim, a fim de que eu não fosse entregue aos judeus. Ora, o meu reino não é daqui.

A resposta é ambígua, porque nega e, ao mesmo tempo, afirma a condição régia. Os antigos comentários, de Agostinho a Crisóstomo até Tomás, insistem em concordar nesse ponto. Jesus – sugere Agostinho – não disse "não está *neste* mundo (*non est in hoc mundo*)", mas "não é *deste* mundo" (*de hoc mundo*)"; e Crisóstomo explica: "'O meu reino não é deste mundo' significa que não se origina de causas mundanas e da escolha dos homens, mas vem de outro lugar, isto é, do Pai". E Tomás: "Dizendo que o seu reino não está aqui, quer dizer que não se origina deste mundo e, contudo, está aqui porque está em todo lugar (*est tamen hic, quia ubique est*)".

Portanto, Pilatos tem razão em replicar: "Então tu és rei (*oukoun basileus ei sy*)?". A resposta de Jesus desloca improvisamente o discurso do Reino para a verdade:

> Tu dizes que eu sou rei (*sy legeis oti basileys eimi ego*). Eu nasci para isso e para isso vim ao mundo, para dar testemunho da

verdade (*ina martyreso tei aletheiai*). Quem é da verdade (*ek tes aletheias*) ouve a minha voz.

E aqui Pilatos pronuncia o que Nietzsche definiu como a "tirada mais sutil de todos os tempos (*die grösste Urbanität aller Zeiten*)": "O que é a verdade (*ti estin aletheia*)?".

De fato, a pergunta de Pilatos, interpretada tradicionalmente como expressão irônica de ceticismo (nesse sentido, Spengler contrapunha os fatos – *Tatsachen* – cujo modelo é Pilatos, à verdade, representada por Jesus) e até mesmo de escárnio (o "senhoril sarcasmo" com o qual, segundo Nietzsche, um "romano" teria aniquilado o Novo Testamento – O *Anticristo*, par. 46), não é necessariamente tal. Nem é necessariamente um "corpo estranho"[9] em seu contexto, que – importa não esquecer – é o de um processo. Assim como Tomás sugere em seu comentário, Pilatos, uma vez esclarecido que o Reino de Jesus não tem a ver com este mundo, quer saber a verdade e deixar claro de qual reino o acusado está dando testemunho (*cupit veritatem scire ac effici de regno eius*): sua pergunta não se refere à verdade em geral (*non quaerens quid sit definitio veritatis*), mas à verdade especial que Jesus parece indicar e que ele não consegue apreender. Confrontam-se aqui, talvez, não verdade e ceticismo, fé e incredulidade, mas duas verdades diferentes, ou duas concepções diferentes da verdade. No

---

[9] Alexander Demandt, *Pontius Pilatus* (Mônaco, Beck, 2012), p. 86.

Evangelho de Nicodemos, o interrogatório continua com a resposta de Jesus, "A verdade vem do céu", e com a nova pergunta de Pilatos, "Sobre a terra não há nenhuma verdade?". A resposta de Jesus, "Tu vês que aqueles que dizem a verdade são julgados pelos poderes terrenos", conclui o interrogatório[10]. O julgamento terreno não coincide com o testemunho da verdade.

III) (FORA) Pilatos, nesse momento, sai novamente (*palin exelthe*) do pretório. Destacou-se com frequência o fato de que ele, voluntariamente, não espera a resposta de Jesus (Bacon escreveu: "*What is truth?, said jesting Pilatus and would not stay for an answer* [O que é a verdade?, disse ironicamente Pilatos, e não esperou por uma resposta]"; já Tomás observa que ele *responsionem non expectavit* [não esperou uma resposta]). A decisão repentina explica-se com sua apóstrofe aos judeus: "Não encontro nele nenhuma culpa. Mas vós tendes por hábito que eu vos liberte alguém por ocasião da Páscoa. Desejais, então, que eu vos liberte o rei dos judeus?". Não tendo encontrado culpa no acusado, Pilatos deveria ter emitido um veredito de inocência (a fórmula prevista no processo romano era *absolvo* [eu o absolvo] ou *videtur non fecisse* [parece não ter feito nada]), ou suspendido o processo e pedido uma complementação do inquérito

---

[10] L. Moraldi (org.), *Apocrifi del Nuovo Testamento*, cit., p. 572.

(a fórmula prevista era *non liquet* [não é evidente] ou *amplius est cognoscendum* [deve-se conhecer mais profundamente]). Ele pensa, ao contrário, em resolver o caso servindo-se da anistia pascal. Durante todo o processo – é um fato sobre o qual é necessário refletir –, Pilatos procura insistentemente evitar proferir um veredito. Mesmo no fim, quando cede à tumultuosa insistência dos judeus, o prefeito não profere, como veremos, uma sentença, limitando-se a "entregar (*paredoken*)" o acusado aos hebreus.

Os hebreus tornam vão seu propósito gritando: "Não ele, mas Barrabás" (como informa *Mc.* 15,7, Barrabás, literalmente "o filho do pai", era um rebelde homicida). (É nessa altura que, na narrativa de Mateus – *Mt.* 17,24 –, se situa o episódio da lavação das mãos, sobre o qual João nada diz: "Pilatos, vendo que não havia o que fazer, mas que o tumulto podia crescer, pegou água e lavou as mãos diante da multidão, dizendo: 'Sou inocente do sangue deste justo'").

IV) (DENTRO) Tendo voltado ao pretório – o texto não o diz, mas se deduz claramente da passagem sucessiva – Pilatos faz uma última tentativa:

> Prendeu Jesus e mandou flagelá-lo. Os soldados trançaram uma coroa de espinhos, colocaram-na sobre a cabeça e o vestiram com um manto de púrpura; aproximaram-se dele dizendo: "Salve, rei dos judeus", e lhe davam tapas.

A flagelação era uma pena acessória prevista como preliminar à crucificação: Pilatos, ao contrário, pretende servir-se dela, de forma um tanto incongruente – mas isso fazia parte, com toda probabilidade, de seus poderes discricionários (cf. *Dig.* 48.2.6) – como pena, para um não especificado delito menor. É o que Lucas lhe faz dizer com clareza: "Não encontrei nada nele para que mereça a morte. Farei castigá-lo e depois o colocarei em liberdade" (*Lc.* 23,22).

V) (FORA) Mais uma troca de lugar:

> Outra vez Pilatos saiu e lhes disse: "Eis, conduzo-o para fora, a fim de que saibais que não encontro nele culpa alguma". Então, Jesus saiu, trazendo a coroa de espinhos e o manto de púrpura. Pilatos lhes disse: "Eis o homem (*idou ho anthropos*; vulgata: *ecce homo*)". Vendo-o, os sumos sacerdotes e seus auxiliares gritaram: "Crucifica! Crucifica!".
>
> Pilatos lhes disse: "Prendei-o e crucificai-o vós; eu não encontro culpa nele". Responderam-lhe os hebreus: "Temos uma lei e, segundo esta lei, deve morrer, porque se fez filho de Deus".

A acusação que, segundo *Lv.* 24,16, para os hebreus, merecia a pena capital, já foi mencionada em *Jo.* 5,18 ("Por isso os judeus quiseram matá-lo, porque não só violava o sábado, mas chamava Deus de seu pai, fazendo-se igual a Deus"), e Jesus se defendeu com estas palavras:

Àquele que o pai santificou e enviou ao mundo vós dizeis: "Tu blasfemas", porque disse: "Sou filho de Deus". Se não faço as obras de meu Pai, não credes em mim. Mas se as faço, mesmo que não creais em mim, crede nas obras, a fim de que saibais que o Pai está em mim e eu no Pai. (Ibidem, 10, 36-38)

VI) (DENTRO) A partir desse momento, a conduta de Pilatos se torna – ao menos aparentemente – cada vez mais incoerente.

Quando ouviu essas palavras, Pilatos teve ainda mais medo. Entrou novamente (*eiselthen*) no pretório e disse a Jesus: "De onde és (*pothen ei sy*)?". Jesus não lhe deu resposta. Disse-lhe, então, Pilatos: "Não me respondes? Não sabes que tenho o poder (*exousian*) de libertar-te e o poder de crucificar-te?". Responde-lhe Jesus: "Não terias nenhum poder sobre mim se não te fosse dado do alto (*anothen*). Por isso aquele que me entregou (*ho paradous*) a ti tem um pecado maior".

A pergunta "de onde" se reconecta, segundo todas as evidências, ao diálogo precedente, quando Jesus havia declarado que o seu Reino não era "deste (*ek*) mundo" e havia evocado "aquele que é 'da verdade'". Portanto, as perguntas de Pilatos continuam seguindo, apesar das aparentes oscilações, uma lógica de confirmação da verdade. A resposta de Jesus, que também faz vir a autoridade de Pilatos "do alto", parece convencer mais ainda o prefeito de sua inocência, já que "daquele momento em diante Pilatos procurava libertá-lo. Mas os judeus continuavam a gritar: 'Se tu libertas a este, não és amigo de César. Qualquer um que se faz rei se opõe a César'".

VII) (FORA) Última cena, ao ar livre:

> Ouvindo estas palavras, Pilatos trouxe Jesus para fora (*egagen exo*) e sentou-se no trono (*ekathisen epi tou bematos*), no lugar chamado *Lithostrotos* ("pavimento de pedra"), em hebraico *Gabbathà*. Era a preparação da Páscoa, por volta da hora sexta. Pilatos disse aos judeus: "Eis o vosso rei!". Mas eles gritaram: "Fora! Fora! Crucifica-o!". Disse-lhes Pilatos: "Crucificarei o vosso rei?". Responderam os sumos sacerdotes: "Não temos outro rei senão César". Então, o entregou (*paredoken*) a eles para que fosse crucificado.

Bickerman observou, com razão, que o fato de Pilatos ter se sentado no trono só nesse momento significa que todo o debate precedente não tem valor processual, mas privado: "Segundo as regras invariáveis do procedimento romano, os crimes capitais, como era o de Jesus, não podiam ser julgados senão *pro tribunali* [...] Pilatos age aqui como intermediário, árbitro, e não como juiz"[11].

---

[11] Elias Bickerman, "Utilitas crucis. Observations sur les récits du procés de Jésus dans les Évangiles canoniques", *Revue de l'Historie des Religions*, n. 112, 1935, p. 223.

Além disso, não é por acaso que, no momento da repentina rendição de Pilatos, a questão da majestade de Jesus seja novamente evocada por Pilatos. Já que a acusação que o sinédrio move contra Jesus é justamente a pretensão messiânica à realeza, que os hebreus rejeitam, mas que Pilatos, com sua pergunta, parece recolocar em pauta. A questão do Reino de Jesus, mundano ou celeste que seja, continua suspensa até o fim. E é precisamente por isso que a argumentação final dos membros do sinédrio ("Não temos outro rei senão César") convence Pilatos a entregar Jesus.

A questão da realeza volta com toda a força na inscrição (*titulus*) que Pilatos manda colocar sobre a cruz: "Jesus nazareno, Rei dos judeus" (*Jo.* 19,19). Ao mencionar o motivo pelo qual foi condenado (*Mt.* 27,37), ela parece afirmar ao mesmo tempo a sua realeza. O *titulus,* nas execuções capitais, devia reportar ao crime que estava sendo punido, mas Boaventura*, em seu comentário, o aproxima, ao contrário, da insígnia que elencava as vitórias do *imperator* triunfante e, por isso, o chama *titulus triumphans*, "porque é em louvor a Cristo e para vergonha dos judeus, enquanto foi condenado como malfeitor, mas não era tal, e sim Rei" (*Jo.* 19,31). De forma ainda

---

* São Boaventura, filósofo e teólogo escolástico italiano do século XIII, pertenceu à Ordem dos Franciscanos. Quando eleito cardeal, ajudou muito as ordens mendicantes a se reconciliarem com o clero secular da época. Foi formado e deu aulas na Universidade de Sorbonne, Paris. Escreveu numerosas obras de caráter teológico e místico. (N. T.)

mais arbitrária, Cirilo de Alexandria identifica o *titulus* com o quirógrafo de que fala Paulo (*Col.* 2,14-15), "que o Senhor pregou sobre a cruz, triunfando e submetendo a si as potências mundanas" (*Jo.* 12, 19,19).

A ambiguidade da insígnia não deixa de ser percebida pelos membros do sinédrio porque eles pedem a Pilatos para trocá-la: "Não escreva 'Rei dos judeus', mas 'que disse ser Rei dos judeus'". Aqui Pilatos pronuncia sua segunda frase histórica, que parece desmentir a outra, igualmente célebre, sobre a verdade e, com esta, suas precedentes tergiversações e todo suposto ceticismo: "O que escrevi, escrevi" (*Jo.* 19,21-22).

8. Por toda a narrativa do processo – e não somente em João – retorna tão obsessivamente uma forma verbal que a sua repetição não pode ser casual: *paredoken* ("entregou", vulg. *tradidit*), no plural *paredokan* ("entregaram", vulg. *tradiderunt*). Dir-se-ia que o evento que está em jogo na paixão de Jesus não é senão uma "entrega", uma "tradição" no sentido próprio do termo. Todas as formas verbais do verbo *paradidomi* são mobilizadas com esse objetivo. O primeiro ato dessa tradição é a cena em que Judas, beijando Jesus, o "entrega" aos hebreus (*Mc.* 14,10). Na vulgata de *Mt.* 27,1-3, elas se alternam como se fossem uma rima interna ou uma aliteração: *ut eum morti traderent* [...] *et tradiderunt Pontio Pilato* [...] *Judas qui eum*

tradidit [para entregarem-no para morrer (...) e o entregaram a Pôncio Pilatos (...) Judas quem o entregou]. Judas é, nos Evangelhos, por excelência, "aquele que entrega", o "tra-idor" (*ho paradidous,* vulg. *qui tradebat eum,* Jo. 18,5 [aquele que entregava/traía]); assim como em *Mc.* 3,19: "Judas Iscariotes, que depois o entregou (*hos kai paredoken auton*)", e em *Mt.* 10,4: "também ele o entrega (*ho kai paradous auton*)".

Por sua vez, os hebreus "entregam" Jesus a Pilatos: "Se não fosse um malfeitor, não o teríamos entregado a ti" (cf. também *Mc.* 15,1; *Mt.* 27,2) e, ao final do processo, Pilatos entrega Jesus aos hebreus, para que o crucifiquem.

Foi Karl Barth quem percebeu que a "entrega" tem realmente um significado teológico. Aliás, a "tradição" terrena de Jesus entra em choque, pontualmente, com uma tradição celeste precedente, que Paulo enuncia nestes termos: "Deus não poupou o próprio filho, mas o entregou (*paredoken*) por nós" (*Rm.* 8,32). Jesus tem consciência dessa tradição, que ele evoca explicitamente: "O filho do homem será entregue (*paradidotai*) nas mãos dos homens e o matarão" (*Mc.* 9,31); "Deus amou o mundo e deu (*edoken*) seu Filho unigênito, para que não pereça quem nele crê" (*Jo.* 3,16). Nessa perspectiva teológica, a "entrega" terrena – a "traição" – de Judas e depois a dos hebreus e de Pilatos aparecem como uma execução da "entrega" divina.

A ação de Judas não deve ser entendida como incidente invejoso e muito menos como manifestação do reino das trevas, para além da vontade e da obra divina, mas, do início ao fim, como elemento da vontade de Deus. Agindo como quer, Judas cumpre o que Deus quis que fosse feito. Já ele – e não somente Pilatos – é um *executor Novi Testamenti*.[12]

O drama da paixão narrado por João, com tanta riqueza de detalhes, torna-se, assim, um roteiro original inscrito desde sempre no plano providencial que os teólogos chamam de "economia da salvação" e no interior do qual os atores nada mais fazem do que executar uma parte já prevista. A última cena desse drama é mais uma entrega: o momento em que Jesus "entrega o espírito (*paredoken to pneuma*, vulg. *tradidit spiritum*)" (*Jo.* 19,13).

9. O termo *paradosis*, "entrega", é usado no Novo Testamento com o sentido translato de ensinamento ou doutrina transmitida. É com esse significado que Jesus o usa quando critica as tradições orais dos hebreus. Aos fariseus, que lhe perguntam por que seus discípulos "não caminham segundo a tradição dos anciãos (*kata ten paradosin ton presbyteron*)", ele responde enfurecido: "Vós abandonastes o mandamento (*ten entolen*) de Deus a fim de observardes a entrega (*ten paradosin*) dos

---

[12] Karl Barth, *Kirchliche Dogmatik*, v. II (Zurique, EVZ, 1940), p. 559.

homens" (*Mc* 7,8). E, pouco depois: "Vós anulais a palavra de Deus com a tradição que vós mesmos transmitistes (*tei paradosei he paredokate*)" (ibidem, 7,13). A mesma contraposição de *entole* e *paradosis*, mandato divino e tradição humana, se lê em *Mt.* 15,3.

A essa avaliação negativa do termo corresponde o significado messiânico da "entrega" na paixão de Jesus. À parte as instruções para a vida cotidiana, às quais Paulo se refere, lembrando aos Coríntios de "observar as entregas (*paradoseis*) assim como ele vo-las entregou (*paredoka*)" (1 *Cor.* 11,2), há somente uma autêntica tradição cristã: a da "entrega" – por parte primeiramente do Pai, depois de Judas e dos hebreus – de Jesus à cruz, que aboliu e realizou todas as tradições.

10. É na perspectiva dessa "entrega" – é o que Barth parece sugerir – que também deveria ser inscrito o episódio de Pilatos. Porém, muitos elementos impedem de ver, no prefeito da Judeia, apenas um "executor". Se ele fosse, como Judas, apenas isso, por que não se limitar simplesmente a ratificar a decisão do sinédrio? Por que encenar um processo (ou um simulacro de processo) e por que as tergiversações, os subterfúgios, as declarações de inocência do imputado? E o que tem a ver com a economia divina o sonho da esposa, que Lutero é, aliás, obrigado a explicar como intervenção do demônio, para tentar impedir a crucificação?

Que o comportamento de Pilatos siga outras razões que o de Judas é atestado, para além de qualquer dúvida, pelo fato de que, enquanto Jesus diz a Judas: "O que tens de fazer, fá-lo rápido" (*Jo.* 13,27), ele, por sua vez, insiste em discutir com Pilatos e parece querer convencê-lo, até o último instante, da própria inocência. O papel do prefeito da Judeia e do julgamento, da *krisis* que deve proferir, não se inscreve na economia da salvação como um instrumento passivo, mas como o personagem real de um drama histórico, com suas paixões e suas dúvidas, seus caprichos e seus escrúpulos. Com o veredito de Pilatos, a história irrompe na economia e suspende sua "entrega". A *krisis* histórica é também – e sobretudo – crise da "tradição".

Isso significa que a concepção cristã da história como execução da economia divina da salvação – ou, na sua versão secularizada, como realização de leis irrevogáveis a ela imanentes – deve ser, pelo menos no nosso caso, revista. Como magistrado romano, Pilatos deve exercer o seu veredito e o exerce a seu modo, sem levar em conta a economia da "entrega" que ele ignora e à qual cederá no fim só porque parece ter se convencido de que um rei dos judeus é, de qualquer forma, politicamente problemático. Certamente, ele é capaz de compreender que pode existir – pelo menos para aquele jovem hebreu que tem diante de seus olhos – um plano que transcende a história (se assim não fosse, não teria replicado: "Então, tu és rei", quando Jesus lhe esclarece que seu Reino não é deste mundo); contudo, ele sabe que, como prefeito da Judeia, deve julgar também esse plano, porque ele poderia provocar – e já provocou – consequências práticas (o motim entre os judeus, testemunhado pela multidão que tem diante de si). O representante do reino terreno é competente para julgar o "reino que não é daqui", e Jesus – importa não esquecer – reconhece-lhe essa competência, que lhe vem "do alto". Que isso aconteça, como acreditava Pascal, para aumentar o tamanho da ignomínia ("Jesus Cristo não quis ser morto sem as formas da justiça, porque é muito mais ignominioso morrer por justiça do que por uma sedição injusta"[13] – Pascal, 1972, p. 695) ou por qualquer outra razão, o que é certo é que ele não quis subtrair-se ao julgamento.

11. O julgamento que Pilatos realiza não é, contudo, propriamente um julgamento. Os historiadores do direito tentaram examinar o processo de Jesus sob o ponto de vista do direito romano. Não causa surpresa que as conclusões não sejam concordes. Se o processo, como escreveu um grande jurista, Salvatore Satta, é um "mistério", as ambiguidades desse mistério aqui vêm à luz com peculiar evidência. Todos os estudiosos concordam com a competência do procurador romano para julgar um delito que colocava em questão a segurança

---

[13] Blaise Pascal, *Pensées* (prefácio e introdução de L. Brunschvicg, Paris, Le Livre de Poche, 1972), p. 695.

de Roma e sobre a aplicabilidade da *lex Julia*. Pilatos, como parecem atestar duas passagens de Flávio Josefo, estava, além disso, investido do *ius gladii*, isto é, do direito de infligir a pena capital, que os hebreus reclamavam contra Jesus.

Contudo, as opiniões divergem quanto à regularidade do processo. Segundo alguns, nenhuma das formalidades procedimentais foi observada: nem a inscrição e a determinação da acusação, nem o acertamento do fato, nem o proferimento de uma clara sentença de condenação. Do ponto de vista do direito, "Jesus de Nazaré não foi condenado, mas morto: seu sacrifício não foi uma injustiça, foi um homicídio"[14]. Outros objetam que o direito romano se aplicava somente aos cidadãos romanos e que, em relação a um não cidadão como Jesus, o procurador exercia não a *iurisdictio* [jurisdição], mas a simples *coercitivo* [repressão], tanto mais porque, nas províncias, não havia a clara distinção entre o procedimento ordinário e a *cognitio extra ordinem* [conhecimento extraordinário], que não era obrigada a respeitar as normas do formulário processual[15].

Um ótimo conhecedor das duas tradições jurídicas, tanto da hebraica quanto da romana, observou que a dificuldade em delinear um quadro coerente do desenvolvimento do processo deriva do fato de os estudiosos procurarem compor, de maneira

---

[14] Giovanni Rosadi, *Il processo di Gesú* (Florença, Sansoni, 1904), p. 407-8.
[15] Davide Romano, *Il processo di Gesú* (Bari, Palomar, 1992), p. 313-4.

procedimental, as narrativas dos evangelistas, enquanto cada um deles seguia, de forma verossímil, uma apresentação diferente da paixão com fins teológicos[16]. É provavelmente por um defeito de perspectiva desse gênero que um historiador do direito romano de reconhecida competência, Pietro De Francisci, acreditou poder excluir que houve um processo correto contra Jesus. Aliás, ele lembrou a existência de normas que impunham ao magistrado não se deixar influenciar pelas *voces populi* e punir vigorosamente os que organizavam um movimento sedicioso, como, segundo as evidências, tinham feito, não Jesus, mas os membros do sinédrio. Assim, Pilatos, por falta de coragem, tinha "transcurado as normas do direito, que era seu dever aplicar; tinha abdicado da própria autoridade não reprimindo o tumulto faccioso; e tinha virado as costas à justiça, abandonando um homem que acreditava inocente, diante da preordenada vingança de seus inimigos declarados"[17].

(Dante deveria ter chegado a uma conclusão análoga, no *Inferno* III, 60, quando evoca Pilatos entre os ignavos, e sem nomeá-lo. Se isso é verdade, segundo a profunda intuição de Pascoli, "que a grã recusa fez ignobilmente", deve ser visto não Celestino V, mas Pilatos, que por ignávia renunciou ao exercício de sua autoridade de juiz.)

---

[16] Elias Bickerman, "Utilitas crucis", cit., p. 228-9.
[17] Pietro De Francisci, "Brevi riflessioni intorno al 'processo' di Gesú", em *Studi in onore di G. Grosso* (Turim, Giappichelli, 1968), p. 25.

12. A ambiguidade inerente a toda interpretação dos textos sacros aparece, aqui, plenamente evidenciada. Os Evangelhos devem ser considerados como documentos históricos ou neles está em jogo, acima de tudo, um problema genuinamente teológico? Um observador pagão, Porfírio, já havia ponderado que "os evangelistas são inventores (*epheurotas*) e não historiadores (*historas*, "testemunhas") dos eventos que concernem a Jesus. Com efeito, cada um deles escreve discordando e não concordando com os outros, sobretudo em relação à narrativa da paixão"[18].

Também em relação a Pilatos, os intérpretes passam sem solução de continuidade de um plano a outro, do personagem histórico à "pessoa" teológica, da hermenêutica jurídica à economia da salvação, de um invólucro nominal vazio aos abismos da psicologia. Assim, um plano é usado para interpretar o outro, e a covardia, a ignávia ou a inveja explicam as hesitações, os erros e as rendições que, no plano da economia providencial, não têm nenhum sentido. Sendo assim, um autor pode evocar, a propósito de suas indevidas discussões com os membros do sinédrio, "o imperdoável erro tático que expulsou Pilatos para uma situação da qual não saberá sair"[19], e outro observar que não se entende por que Pilatos não tenha

---

[18] Elias Bickerman, "Utilitas crucis", cit., p. 231.
[19] Josef Blinzler, *Il processo di Gesú* (Brescia, Paideia, 1966), p. 283.

recorrido, como estava previsto pelo procedimento romano, a uma modificação do processo.

Ao contrário, o cânone hermenêutico, ao qual nos ateremos aqui, é que só enquanto personagem histórico Pilatos desenvolve sua função teológica e, vice-versa, que ele é um personagem histórico só enquanto desenvolve uma função teológica. Personagem histórico e pessoa teológica, processo jurídico e crise escatológica coincidem sem resíduos e só nessa coincidência, só no fato de "caírem juntos" eles encontram sua verdade.

13. No entanto, é justamente neste ponto que tudo fica complicado. Na cena final do processo, a tradução corrente diz: "Pilatos trouxe Jesus para fora e se sentou no trono (*ekathisen epi tou bematos,* vulg. *sedit pro tribunali*)". Por sua vez, uma tradição exegética, que conta com a autoridade de Justino (*Apol.* 1,XXXV,6) e, entre os modernos, com as de Harnack e de Dibelius, entende *ekathisen* no sentido transitivo: "Trouxe Jesus para fora e o fez sentar no trono". No mesmo sentido, o *Evangelium Petri* (3,7) diz que "os judeus o revestiram de púrpura e o fizeram sentar no trono do julgamento (*ekathisan auton epi tou bematos kriseos*), gritando: 'Julga justamente, rei de Israel (*dikaios krine, basileu tou Israel*)'". A objeção segundo a qual, para ter significado transitivo, o verbo deveria ter um objeto (*auton*) cai, se considerarmos que *ekatisen* pode, sem

dificuldade, referir-se a "Jesus (*Iesoun*)", que o precede imediatamente. E que Jesus tenha sido levado a sentar-se no *bema* está de acordo com as narrativas de Marcos e Mateus, segundo as quais, um pouco antes da crucificação, Jesus é coberto por um manto de púrpura e, com um bastão na mão, à guisa de cetro, é saudado como rei dos judeus. Também em Justino, os hebreus, depois de terem feito Jesus sentar no *bema*, o convidam, por escárnio, a exercer a função de juiz, que é da competência de um rei: "Julga-nos!". E que Pilatos não sente no trono é totalmente coerente com o fato de ele não emitir um veredito, mas se limitar a "entregar" Jesus. Se isso for verdade, então não só – como notou Bickerman – o debate nas cinco horas precedentes, mas nem sequer o que acontece na hora sexta teria o valor de um julgamento processual.

Aqui, na verdade, dois julgamentos e dois reinos estão frente a frente sem conseguirem chegar a uma conclusão. Não fica claro nem mesmo quem julga quem, se o juiz legalmente investido pelo poder terreno ou o juiz por escárnio, que representa o Reino que não é deste mundo. Aliás, é possível que nenhum dos dois pronuncie verdadeiramente um juízo.

14. Que não seja Jesus a julgar é totalmente coerente, não só com sua posição de acusado, mas também com suas palavras. A crítica radical de todo julgamento é parte essencial do

ensinamento de Jesus: "Não julgueis (*me krinete*), para não serdes julgados!" (*Mt.* 7,1), ao qual fazem eco as palavras de Paulo, na carta aos romanos (*Rm.* 14,3): "Não julgueis (*me krineto*)!". Em nenhuma parte o fundamento teológico dessa proibição é afirmado com tanta clareza como no próprio Evangelho de João: "Deus não mandou seu filho ao mundo para julgá-lo (*ina krine*), mas para salvá-lo (*ina sothe*)" (*Jo.* 3,17). A admoestação "não julgueis!" (repetida em *Jo.* 3,18: "Quem nele crê não julga") encontra aqui sua razão: o eterno não quer julgar o mundo, quer salvá-lo; ao menos até o fim dos tempos, julgamento e salvação excluem-se mutuamente.

Se isso é verdade, por que aquele que não julga deve ser submetido ao julgamento de um juiz, o Reino eterno deve ser "entregue" ao julgamento de um reino terreno?

15. Dante cita Pilatos em *Monarquia*[20]. E o faz para conciliar o plano divino da salvação com o julgamento do representante de César, o Reino espiritual de Cristo com o reino temporal de Roma. Sua argumentação deve, por isso, afirmar a legitimidade, tanto jurídica quanto teológica, do veredito de Pilatos. "Se o Império Romano não foi de direito, o pecado

---

[20] Dante Alighieri, *Monarquia*, Livro 2 (trad. Ciro Mioranza, São Paulo, Lafonte, 2012), cap. 11.

de Adão não foi punido em Cristo e isto é falso." Por outras palavras, para que a humanidade fosse resgatada do pecado, era necessário que Cristo fosse submetido ao julgamento e punido por um juiz que tivesse a jurisdição legítima sobre todo o gênero humano.

> Pela coerência do raciocínio, deve-se saber que "punição" não significa simplesmente "pena a quem causa injúria", mas "pena infligida por aquele que possui jurisdição de punir a quem causa injúria". Se, portanto, a pena não é atribuída por um juiz regular não deve ser definida "punição", mas antes "injúria". [...] Se Cristo, portanto, não tivesse padecido sob um juiz regular, aquela pena não teria sido uma punição [...]. O juiz, porém, não poderia ter sido regular se não tivesse tido jurisdição sobre todo o gênero humano, porquanto a humanidade inteira era punida na carne de Cristo que "tomava sobre si nossas dores" como diz o profeta. E Tibério César, cujo representante era Pilatos, não teria tido a jurisdição sobre todo o gênero humano se o Império Romano não fosse estabelecido de direito.

Dante liga aqui, indissoluvelmente, a realização da economia da salvação à legitimidade do julgamento de Pilatos, enquanto representante do Império Romano. A crucificação de Cristo não é uma simples "pena", mas uma "punição legítima (*punitio*)", imposta por um juiz ordinário que, sendo representante de César, tinha jurisdição sobre todo o gênero humano, e que somente desse modo podia ser resgatado do pecado.

16. Assim fica suficientemente provado que Jesus tinha sido obrigado a submeter-se ao julgamento de Pilatos. Para Dante, trata-se, evidentemente, de uma tese teológico-política, que deve legitimar o Império perante a Igreja. O Império Romano está inscrito no plano divino da salvação, mas ali está inscrito justamente enquanto é autônomo e age como tal. A história faz parte da economia da salvação, mas faz parte dela como realidade para todos os efeitos, e não como espetáculo de marionetes. Por isso, Pilatos não é apenas *executor Novi Testamenti*, mas ator histórico, com todas as suas insuperáveis contradições.

Contudo, essas contradições não são apenas de ordem psicológica. Nelas vem à luz um contraste mais profundo, que se refere à antítese entre economia e história, entre o temporal e o eterno, entre justiça e salvação, que a doutrina dantesca tenta em vão conciliar. Pilatos é essa contradição. Também Cristo, enquanto nele o verbo se fez carne, o é por excelência. Mas, por meio das disputas que, entre os séculos V e VI, dividiram profundamente a Igreja, opondo monofisistas e diofisistas, os teólogos conseguiram – ou acreditaram ter conseguido – resolver a contradição graças à doutrina das duas naturezas e das duas vontades, a divina e a humana, distintas e, ao mesmo tempo, unidas hipostaticamente em uma única pessoa.

Pilatos não dispõe desse privilégio; no seu confronto com o Eterno, só pode contar com a natureza humana. É homem e basta. Não tem, como Cristo, duas vontades, graças às quais pode dizer "afasta de mim este cálice" e, também, "não como eu quero, mas como tu queres" (*Mt.* 26,39); ele tem uma só, com a qual busca, à sua maneira, a justiça e a verdade.

17. A doutrina das duas vontades, se transferida para o plano da ética, contém uma parte de hipocrisia. Um sujeito que dispusesse de duas vontades, com uma das quais pretende justificar o que quer ou o que faz com a outra, sairia imediatamente do âmbito da ética. Quando Jesus diz a Pilatos que veio ao mundo para dar testemunho da verdade, certamente não pretende dizer que, tendo duas naturezas e duas vontades, com uma delas – a humana – dá testemunho da outra – a divina (e vice-versa). Assim a tarefa seria fácil demais. Mesmo que se aceite o dogma das duas naturezas e das duas vontades, isso só pode significar que uma não pode invocar a outra para afirmar-se ou justificar-se. Enquanto Jesus é homem, é homem e basta, exatamente como Pilatos. Por isso, seu testemunho é paradoxal: ele deve dar testemunho *n*este mundo de que o seu reino não é *d*este mundo – não que ele seja *aqui* um simples homem, e, *noutro lugar,* seja um deus.

A afirmação de Jesus sobre o testemunho da verdade foi frequentemente considerada enigmática ou, em todo caso, tal que Pilatos não pudesse entendê-la. A frase, se devolvida a seu contexto, não tem, na realidade, nada de enigmático. Jesus encontra-se num processo diante de um juiz que o interroga, e dar testemunho da verdade é o que se espera de qualquer acusado ou testemunha. Logo depois do episódio da adúltera (que Jesus se nega a condenar), aos hebreus que o questionam: "Tu dás testemunho de ti mesmo: o teu testemunho não é verdadeiro (*he marty*ria *sou ouk estin alethes*)", ele tinha, aliás, respondido: "Mesmo se eu der testemunho de mim mesmo, o meu testemunho é verdadeiro, porque sei donde (*pothen*) venho e para onde (*pou*) vou. Vós julgais segundo a carne, eu não julgo ninguém (*ego ou krino oudena*)" (*Jo.* 8,13-15).

Ora, ele se encontra em um julgamento, isto é, no lugar mais adequado para ser provada a verdade de seu testemunho. No entanto, não é o testemunho em si que é enigmático e árduo, mas a verdade da qual deve dar testemunho, isto é, o fato paradoxal de que ele tem um reino, mas um reino que não é "daqui". Ele deve atestar, *na história e no tempo,* a presença de uma realidade extra-histórica e eterna. Como se pode dar testemunho da presença de um reino que não é "daqui"?

18. No libelo contra Martensen, que, em seu obituário, havia definido o pastor Mynster uma "testemunha da verdade", Kierkegaard explica o que entende por "dar testemunho da

verdade"*. Assim, referindo-se à carta do texto evangélico, ele escreve que

> uma testemunha da verdade, uma autêntica testemunha da verdade é um homem que é flagelado, maltratado, arrastado de uma prisão para outra e, por fim [...], crucificado ou enforcado ou dado às chamas ou assado em uma grelha, o seu corpo sem vida colocado insepulto, em um lugar isolado, pelo ajudante do carrasco.

Mas é no breve ensaio *Sobre a diferença entre um gênio e um apóstolo*** que Kierkegaard tenta realmente pensar em que consiste a autoridade de um testemunho. Este não tem nada de profundo ou genial, nem pode fornecer a prova de si mesmo, pois seria *nonsense* "exigir a certeza *física* de que Deus existe". A autoridade de uma palavra não depende de seu conteúdo semântico, que cada um pode repetir tal e qual, mas do lugar de sua enunciação, que deve ser outro: "A autoridade é a específica qualidade que, vindo de outro lugar, se torna

---

* Essa polêmica teve lugar nos nove números de *O Instante*, de maio a setembro de 1855 (houve também o número 10, publicado postumamente), reunidos em: Soren Kierkegaard, *Øieblikket*, n. 1-10 (Copenhague, Hans Reitzel Forlag, 1984). No Brasil, encontra-se publicada apenas a tradução do número 1: "O Instante n. 1, 24 de maio de 1855", trad. Álvaro Luiz Montenegro Valls e Marcio Gimenes de Paula, *Revista de Filosofia Moderna e Contemporânea*, Brasília, Departamento de Filosofia da UnB, ano 1, n. 1, 2013. Disponível em: <http://periodicos.unb.br/index.php/fmc/article/view/9000/6865>; acesso em: 12 nov. 2014. (N. E.)

** Ed. port.: Soren Kierkegaard, "Sobre a diferença entre um Gênio e um Apóstolo", em *Ponto de vista explicativo da minha obra como escritor* (Lisboa, Edições 70, 1996). (N. E.)

qualitativamente aparente quando o conteúdo da mensagem ou do ato é colocado como indiferente".

Nem Kierkegaard consegue aqui alcançar o cerne da contradição entre o humano e o divino, o histórico e o eterno. Sua tese é, de fato, ao mesmo tempo, falsa e verdadeira. Falsa por afirmar que o conteúdo é indiferente, enquanto o testemunho da verdade é, justamente ao contrário, o que exibe *eo ipso* [por si mesmo] a verdade daquilo que diz. Verdadeira por ser justamente essa singular evidência que faz com que o testemunho seja jogado fora do plano dos fatos, constituindo sua especial autoridade e, ao mesmo tempo, sua fragilidade.

19. Pilatos e Jesus, o vicário do reino mundano e o rei celeste, estão frente a frente num mesmo e único lugar, o pretório de Jerusalém, o mesmo que os arqueólogos acreditaram identificar como sítio improvável. Para dar testemunho da verdade, Jesus deve afirmar e, ao mesmo tempo, desmentir o próprio Reino, que está distante ("não é deste mundo") e, ao mesmo tempo, muito próximo e, mais do que isso, ao alcance das mãos (*entos ymin, Lc.* 17,21). Do ponto de vista do direito, seu testemunho só pode falir, resultando numa farsa: o manto de púrpura, a coroa de espinhos, o bastão como cetro, os gritos: "Julga-nos!". Ele – que não veio para julgar o mundo, mas para salvá-lo – encontra-se, talvez justamente por isso, tendo de responder a

um processo, submetendo-se a um julgamento que, aliás, seu *alter ego*, Pilatos, não proferirá, nem pode proferir. Justiça e salvação não podem ser conciliadas, voltando todas as vezes a excluir-se e a confrontar-se uma com a outra. O julgamento é implacável e, ao mesmo tempo, impossível, porque nele as coisas aparecem como perdidas e sem salvação; a salvação é piedosa e, contudo, ineficaz, porque nela as coisas aparecem como não julgáveis. Por isso, no "pavimento de pedra", dito em hebraico *Gabbathà*, nem o julgamento nem a salvação – ao menos no que concerne a Pilatos – têm lugar: eles acabam em um comum, indecidido e indecidível, *non liquet**.

Dar testemunho, aqui e agora, da verdade do Reino que não está aqui significa aceitar que o que queremos salvar nos julgue. E isso porque o mundo, na sua caducidade, não quer salvação, mas justiça. E a quer precisamente porque não pede para ser salvo. Enquanto não são salváveis, as criaturas julgam o eterno: esse é o paradoxo que, no fim, diante de Pilatos, tira a palavra de Jesus. Aqui está a cruz, aqui está a história.

---

* Expressão consagrada por Cícero: fórmula usada pelos juízes romanos quando se reconhecia que a questão não havia sido suficientemente examinada. (N. T.)

Glosas

§ O cruzamento entre o temporal e o eterno assumiu a forma de um processo, mas de um processo que não se conclui com um julgamento. Jesus, cujo reino não é deste mundo, aceitou submeter-se ao julgamento de um juiz, enquanto Pilatos recusa-se a julgá-lo. O debate – se se tratou de um debate – durou seis horas, mas o juiz, ao final, não pronunciou sua sentença, simplesmente "entregou" o acusado ao sinédrio e aos carrascos.

A narração dos Evangelhos não parece deixar dúvidas sobre o fato de não ter sido pronunciada uma sentença. Só há concordância entre Mateus (27,26), Marcos (15,15; 19,16) e João a respeito da "entrega" – a fórmula é, nos três casos, idêntica: *paredoken,* "entregou". O verbo *epikrino,* que aparece em Lucas 23,24, nunca é usado no sentido processual e significa simplesmente que Pilatos "julgou oportuno aceitar a proposta deles (*epekrinen genesthai to aitema auton – adiudicavit fieri petitionem eorum,* traduz a vulgata)"; aliás, logo depois, a fórmula é a mesma: "Entregou (*paredoken*) Jesus à vontade deles", neste caso, a vontade é a dos membros do sinédrio, não a sua, que não foi expressa. Entre os comentadores antigos, somente Agostinho parece notar o curioso laconismo da fórmula "*entregou*" que, violentando o texto, ele procura interpretar como se implicasse um julgamento por parte de Pilatos:

> Não é dito: "Entregou-o para que o crucificassem", mas "para que fosse crucificado (*ut crucifigeretur*)", isto é, por julgamento e poder do prefeito. O evangelista diz que foi entregue a eles para mostrar que eles estavam implicados no crime, em relação ao qual queriam ficar estranhos. Pilatos, de fato, não o teria cometido se não fosse para consentir com o que eles desejavam.

É supérfluo observar que o passivo "fosse crucificado" não permite nenhuma inferência nem respeito frente a um julgamento por parte de Pilatos, nem em relação ao que concerne à identidade dos responsáveis. Assim, a interpretação tradicional do processo de Jesus deve ser revista. Um processo – mesmo, talvez, na ausência de ritos característica da *cognitio extra ordinem* [conhecimento extraordinário] – aconteceu, mas o juiz não proferiu uma sentença, não havendo, assim, em sentido técnico, um juízo.

Mas o que é um processo sem julgamento? O processo, nos lembram os juristas, é sempre e somente *processus iudicii*, coincide com o juízo, com a *krisis* a que necessariamente se reduz. "O juízo", escreveu Salvatore Satta, grande estudioso de direito processual, "não é um objetivo externo ao processo, porque o processo nada mais é do que o julgamento e a formação de juízo". Um processo sem julgamento é, portanto, em si mesmo, uma contradição. Tanto é verdade que os códigos modernos, a partir do artigo 4 do *Code Napoléon* ("O juiz que se recusar a julgar, sob o pretexto do silêncio, obscuridade ou insuficiência da lei, poderá ser perseguido como culpado de obstrução da justiça"), concordam em sancionar que o juiz tem obrigação de pronunciar um juízo.

§ O processo de Jesus não é, pois, propriamente um processo, mas algo que nos falta definir e para o qual provavelmente não conseguiremos encontrar um nome. O desconforto é o mesmo no que tange à crucificação. Se não pode existir um processo sem juízo, muito menos pode existir, sem juízo, uma pena (*nulla poena sine iudicio*). O argumento de Dante em *Monarquia* – segundo o qual era necessário que Cristo se submetesse ao julgamento de Pilatos, porque, de outra forma, sem o juízo de um juiz legítimo, sua pena não teria sido uma punição, mas um delito – parece aqui fraquejar. Se a hipótese de Pascoli, que reconhece Pilatos em "aquele que fez por maldade a grande recusa", fosse correta, isso significaria que, na

Comédia, Dante mudou de opinião sobre o processo de Jesus, o que é plausível (segundo a maioria dos estudiosos, *Monarquia* foi escrito anos antes da *Comédia*). Pilatos recusou, por maldade ou por alguma outra razão, exercer o juízo e, assim, a crucificação que se segue, embora prevista na lei pelo delito de lesa-majestade, não é tecnicamente uma pena. Na fórmula processual romana, a *condemnatio* era a parte da fórmula na qual, com base nos resultados processuais – *si paret, condemnato; si non paret absolvito* – se concedia ao juiz a faculdade de condenar ou de absolver, mas o termo acaba sendo sinônimo de *damnatio*, "condenação penal". Aqui, no entanto, "nada aparece", pois a um processo sem juízo sucede uma pena capital sem condenação.

Contudo, houve uma "entrega" e, embora o texto diga com clareza que os destinatários são os hebreus, parece, ao menos em Mateus, que são os soldados romanos que executam a sentença ("os soldados do prefeito" – *Mt.* 27,27 – que é possível, porém, que tenham sido somente emprestados ao sinédrio); em Lucas, significativamente, não se faz menção alguma aos soldados. Assim como houve uma aparência de processo, o que se segue apresenta-se, ao menos aparentemente, como a execução de uma *capitis damnatio,* de uma pena capital.

Também a afirmação, tão justa, de Pascal, segundo a qual Jesus quis ser morto nas formas da justiça, por ser essa a morte mais ignominiosa, é aqui desmentida. Ainda mais ignominiosa é a morte através de um processo que nem sequer inclui julgamento. E é essa a morte que Jesus escolheu.

Também é vergonhosa a morte que tocará ao protagonista do *Processo* de Kafka – um livro que certamente se vincula à narração dos Evangelhos, pois também aqui a pena capital não se segue a uma sentença de condenação e, por isso, enquanto a faca do carrasco penetra no coração de Josef K., "parece-lhe que sua vergonha haveria de sobreviver a ele próprio".

§ Que haja um processo mas não um julgamento é, na realidade, a mais severa objeção que se possa levantar contra o direito, se é verdade que o direito é, em última instância, processo, e este, em essência, julgamento. Aquele que veio para cumprir a lei, aquele que foi mandado ao mundo não para julgá-lo mas para salvá-lo deve submeter-se a um processo sem julgamento.

É possível que Paulo, quando elaborou sua crítica à lei, na *Carta aos romanos*, tivesse conhecimento de narrações do processo de Jesus que foram depois reunidas nos Evangelhos. À sua tese peremptória – de que não podemos ser justificados através da lei, mas somente através da fé – corresponde pontualmente o fato de que Jesus não podia, na realidade, ser julgado. Assim como a lei não pode justificar, também não pode nem mesmo julgar. É o que Jesus afirma com clareza em Jo. 3,19:

> Quem nele crê não é julgado (*ou krinetai*); quem nele não crê já foi julgado (*ede kekritai*) [...]. Este, de fato, é o juízo: que a luz veio ao mundo e os homens amaram mais as trevas do que a luz.

Na verdade, um juízo não pode se dar, porque esse sempre já aconteceu. *Aute de estin he krisis* [este é o julgamento]: este é o juízo, e não outro, aos olhos de Jesus. O processo de Jesus – todos os processos – começa quando o julgamento já aconteceu. O juiz pode apenas entregar o acusado ao carrasco, não pode julgá-lo.

§ Em 1949, Salvatore Satta publica um ensaio, *Il mistero del processo* [*O mistério do processo*], que é, talvez, a mais penetrante reflexão que um jurista já tenha feito sobre o assunto em questão. Ele escreve que é enganoso sustentar que o processo tenha como escopo a atuação da lei, a justiça ou a verdade: se assim fosse, não se compreenderia a *força do julgado,* que compete a uma sentença independentemente de ser justa ou injusta. Se quisermos dar ao processo um escopo, este só pode ser o juízo. O proferimento de um juízo, a *res iudicata*, com a qual a verdade e a justiça são substituídas pela sentença, é o fim último do processo. O juízo, como já vimos, não é um escopo externo ao processo, mas coincide integralmente com seu implacável desenvolvimento, que é, portanto, de certo modo, um ato sem escopo. E é este, segundo Satta, o "mistério" do processo, que é o próprio mistério da vida, que, também ela, procede e se desenvolve sem escopo e sem parada, até que, em um instante, cessa para se submeter ao juízo.

> Porque essa parada é precisamente o juízo, portanto, um ato contrário à economia da vida, que é toda movimento, toda vontade e toda ação, um ato anti-humano, inumano, um ato realmente – se for considerado, de fato, em sua essência – sem escopo. Os homens intuíram a natureza divina desse ato sem escopo, e a ele se entregaram com toda a sua existência. Ainda mais: construíram toda a sua existência sobre esse único ato. Segundo o nosso credo, quando a vida acabar, quando a ação estiver concluída, virá Um, não para punir, não para premiar, mas para julgar: *qui venturus est judicare vivos et mortos* [o que está para vir a julgar os vivos e os mortos].[1]

É essa concepção do juízo que o processo de Jesus põe em questão, já que nele o mistério do juízo e o mistério da vida se tocam num ponto para depois se separarem para sempre.

§ Em sua origem, mistério não significa "doutrina secreta e inefável", mas "drama sacro". O mistério eleusino era uma ação dramática, uma espécie de pantomima, acompanhada

---

[1] Salvatore Satta, *Il mistero del processo* (Milão, Adelphi, 1994), p. 25.

de cantos e fórmulas, que representava a história do rapto de Kore, de sua descida ao inferno e de seu retorno sobre a terra, na primavera. Quem assistia a isso sentia que uma experiência humana se transformava em veículo de um evento divino, que sua própria vida se tornava, dessa maneira, um mistério.

O processo que se desenrola diante de Pilatos, no pretório de Jerusalém, é, nesse sentido, um mistério. No entanto, o divino e o humano, o temporal e o eterno que aqui se encontram não se sobrepõem – como em Elêusis –, mas continuam tenazmente separados. Disso provém a angustiada hesitação de Pilatos; disso provém a impassível leveza de Jesus. Juízo e salvação permanecem até o fim estranhos e incomunicáveis. Restam o drama, a ação quase teatral com os seus "dentro" e "fora", seus diálogos ofegantes e interrompidos, as tiradas ferozes e sua inconcludente precipitação num êxito letal, mas que continua não resolvido. Aqui, nunca há algo como um ponto arquimédico fora da vida que permita pará-la. Talvez por isso o que os latinos chamavam *actio* ou *causa* assuma, com o tempo, um nome que designa um decurso contínuo e implacável, um transcurso e uma progressão incessante (*processus morbi* é o decurso da doença). Mas aquilo a que o "processo" deveria levar – a "crise" definitiva, o juízo – desapareceu. A não ser que o juízo coincida com a ininterrompível corrida – a menos que não seja o processo que acabe em juízo, mas o juízo em processo.

§ Por que o evento decisivo da história – a paixão de Cristo e a redenção da humanidade – deve assumir a forma de um processo? Por que Jesus deve acertar as contas com a lei e confrontar-se com Pilatos – o vicário de César –, num impasse do qual, até o último momento, não parece conseguir escapar? Dante havia tentado responder a essa pergunta, não de forma evasiva, em *Monarquia*, mesmo que aquilo que o pressionava fosse, antes de tudo, a legitimação do Império Romano. Ele interpreta o famigerado verso de Lucas 2,1, sobre o censo no momento do nascimento de Jesus ("Naqueles dias, foi promulgado um édito de César Augusto, que ordenava o censo de toda a terra") como o reconhecimento de que a jurisdição de Roma sobre o mundo correspondia ao juízo divino (*de divino iudicio prevaluit*[2]). Cristo – ele argumenta – quis nascer e fazer parte do censo sob o édito de César porque, dessa forma, sua humanidade seria sancionada com o sigilo da lei:

> Cristo, como atesta seu escriba Lucas, quis nascer da Virgem, sua mãe, sob o édito da autoridade romana, para que, naquele censo de todo o gênero humano, o filho de Deus, feito homem, fizesse parte do censo como homem (*homo conscriberetur*) [...]. Talvez seja mais justo considerar que o édito foi proclamado por César, segundo a vontade de Deus (*divinitus*), de forma que aquele que

---

[2] Dante Alighieri, *Monarquia*, Livro 2, cit., cap. 8.

foi esperado por séculos na sociedade dos homens fosse assinalado entre os mortais.³

Dante retoma, nessa passagem, a ideia de um paralelismo entre a universalidade do Império Romano e a encarnação do único Deus, o censo de Augusto e o nascimento de Cristo, que já tinha sido elaborada a partir de Eusébio, João Crisóstomo, Jerônimo e Ambrósio, e se encontra expressa com clareza na obra histórica de Orósio. O que estava em questão era a justificativa teológica do poder imperial e da aliança que a Igreja havia concluído com ele. Também por isso, o nome de Pilatos havia sido incluído no *Symbolon* constantinopolitano.

Porém, se Pilatos não emitiu um juízo legítimo, o encontro entre o vicário de César e Jesus, entre a lei humana e o divino, entre a cidade terrena e a celeste, perde sua razão de ser e se transforma em enigma. Com isso, cai qualquer possibilidade de formular uma teologia política cristã e uma justificativa teológica do poder profano. A ordem jurídica não se deixa inscrever tão limpidamente na ordem da salvação, nem esta naquela. Pilatos, com sua irresolução – a exemplo do soberano barroco que, segundo Benjamin, é incapaz de decidir –, dividiu para sempre as duas ordens – ou, ao menos, tornou insondável a relação entre elas. Assim, condenou

---

³ Ibidem, cap. 9.

a humanidade a uma *krisis* incessante – incessante porque nunca poderá ser decidida de uma vez por todas.

§ A insolubilidade implícita no embate entre os dois mundos, e entre Pilatos e Jesus, é atestada nas duas ideias-chave da modernidade: que a história seja um "processo" e que esse processo, enquanto não se concluir em um juízo, esteja em permanente estado de crise. Nesse sentido, o processo de Jesus é uma alegoria do nosso tempo que, como toda época histórica que tenha respeito por si própria, deveria ter a forma escatológica de uma *novissima dies* [o último dia, o dia do juízo final], mas foi privada da mesma pela tácita e progressiva extenuação do dogma do Juízo Universal, do qual a Igreja não quer mais ouvir falar. Tanto na tradição médica quanto na teológica, que confluíram no significado moderno do termo, o termo *krisis* é inseparável da conexão com um momento determinado do tempo: os "dias decisivos (*krisimoi emerai, dies decretorii*)" em que o médico "julga" se o doente irá sobreviver, e o último dia, que coincide com o fim dos tempos ou da coisa que deve ser julgada. Escreve Tomás:

> O juízo diz respeito ao término, por meio do qual as coisas são conduzidas a seu fim [...] Não se pode dar um juízo de algo mutável antes da sua consumação [...] por isso é necessário que o juízo final aconteça no último dia, único no qual será possível

decidir por completo e de forma manifesta o que diz respeito a cada homem.[4]

Assim como o trauma na psicanálise, a crise, que foi retirada de seu terrífico lugar, reaparece em formas patológicas em todos os âmbitos e a todo momento. Ela se separa de seu "dia decisivo" e se transforma numa condição permanente. Por conseguinte, acaba a faculdade de decidir de uma vez por todas, e a decisão incessante não decide propriamente nada. Em outras palavras, como aconteceu com Pilatos, de repente se inverte em catástrofe. O indeciso – Pilatos – não para de decidir, e o decidido – Jesus – não tem nenhuma decisão a tomar.

---

[4] Tomás de Aquino, *Suma teológica*, v. suplementar, questão 88, art. 1º e v. III, questão 59, artigo 5º. [Ed. bras.: v. I-IX, trad. Carlos Josaphat Pinto de Oliveira, OP et al, São Paulo, Edições Loyola, 2001-2006 – N. E.]

Bibliografia

ALIGHIERI, Dante. *A divina comédia*. Trad. Cristiano Martins. Belo Horizonte/São Paulo, Itatiaia/Edusp, 1976.

_____. *Monarquia*. Trad. Ciro Mioranza. São Paulo, Lafonte, 2012.

BARTH, Karl. *Kirchliche Dogmatik*. Zurique, EVZ, 1940, v. II.

BICKERMAN, Elias. Utilitas crucis. Observations sur les récits du procés de Jésus dans les Évangiles canoniques. *Revue de L'Historie des Religions*, n. 112, 1935, p. 169-241.

BLINZLER, Josef. *Il processo di Gesú*. Trad. M. A. Colao Pellizzari. Brescia, Paideia, 1966.

DE FRANCISCI, Pietro. Brevi riflessioni intorno al "processo" di Gesú. In: *Studi in onore di G. Grosso*. Turim, Giappichelli, 1968, p. 1-25.

DEMANDT, Alexander. *Pontius Pilatus*. Mônaco, Beck, 2012.

MORALDI, L. (org.). *Apocrifi del Nuovo Testamento*. Turim, Utet, 1971.

PASCAL, Blaise. *Pensées*. Prefácio e introdução L. Brunschvicg. Paris, Le Livre de Poche, 1972.

ROMANO, Davide. *Il processo do Gesú*. Prefácio S. Tafaro. Bari, Palomar, 1992.

ROSLADI, Giovanni. *Il processo di Gesú*. Florença, Sansoni, 1904.

SATTA, Salvatore. *Il mistero del processo* (1949). Milão, Adelphi, 1994.

SCHMITT, Carl. Drei Möglichkeiten einer christlichen Geschichtbildes (com o título de redação "Drei Stufen historicher Sinngebung"). *Universitas*, n. 8, 1950, p. 927-31. [Ed. it.: *Un giurista davanti a se stesso*. Org. Giorgio Agamben, Vicenza, Neri Pozza, 2005.]

SPENGLER, Oswald. *Der Untergang des Abendlandes*. Mônaco, Beck, 1975. [Ed. it.: *Il tramonto dell'Occidente*. Trad. R. Calabrese Conte, M. Cottone e F. Jesi. Milão, Longanesi, 1978. Ed. bras.: *A decadência do Ocidente*. Rio de Janeiro, Zahar, 1973].

Fotograma de *O processo* (1962), de Orson Welles, representando a parábola "diante da lei", no romance de Kafka.

Publicado em 2014, cem anos após Franz Kafka começar a escrever *O processo*, este livro foi composto em Adobe Garamond Pro 12/18 e reimpresso em papel Avena 80 g/m², pela gráfica UmLivro, para a Boitempo, em agosto de 2025.